梁啓超的人生哲學

——改良人生

[illegible][illegible][illegible]的人生哲學

[illegible]夏人生

目錄

德性

走近梁啓超

要瞭解近現代政治思想史，要瞭解近現代文學發展史，要瞭解近現代學術文化史，不瞭解梁啓超是不可能的。在十九、二十世紀之交的中國像梁啓超那樣享有名聲大、影響時間長、影響領域廣的人物實屬罕見。在許多讀者心目中，梁啓超似乎只是個改良主義政治家，在他身上放射的也只是學究氣，至於對他的文學活動、學術研究以外的宗教信仰，尤其是對他的人生境界的追求卻知之甚少，其實，改良滲透在梁啓超的所有思維意識之中，包括他對人生的看法，對生活情趣的追求，對世態人情的態度。他自稱「是個主張趣味主義的人」，並認爲爲趣味而忙是「人生最合理的生活」。所以，如果我們繞過枯燥而蒼白的學術柵籬，去認識梁啓超，去感受梁啓超對人生的認識，我們便會獲取超越學術以外的收獲，得到許多關於人生的啓迪。

人，複雜的多面體

梁啓超於一八七三年（清同治十二年）二月二十三日生於廣東省新會縣熊子鄉，字卓如，號任公。梁啓超於一八九八年流亡日本時，在橫濱創辦〈清議報〉，開始用「飲冰室主人」的筆名寫文章，故又號飲冰室主人。在康有為謝世不久，即一九二九年一月十九日，這位在中國近現代史上有著廣泛而深刻影響的人物，於北京協和醫院的病房裡溘然長逝。梁啓超的一生，充滿了濃厚的傳奇色彩，他既是改良主義領袖之一，是一位活躍在中國近現代之交的政治舞台上傑出的政治活動家，又是「詩界革命」、「小說界革命」活動中的急先鋒；既是中國新聞史上開拓型人物，又是學術界成就卓著的學者，所以人們說，梁啓超既是著名政治家，又是傑出的詩人、作家、文藝理論家，還是名報人、名教授。

梁啓超一生勤奮，著述甚豐，涉獵極廣，古今中外，政經文理無所不包，在同時代人中難以找到第二個。

梁啓超在我國近現代史上聲望高，對他的評價分歧也大。梁啓超本人就是一個複雜的多面體，他的一生一直處於無數的矛盾之中。要闡釋梁啓超的整個學說，感受他整個人格魅力是相當困難的，對普通讀者，這也是不可想像的，但我們仍可以在閱讀梁啓超的過程中感受到莫大的人生觸動，尤其是梁啓超的人生態度和人格精神，對我們不無警示意義，尤其是他不拘陳套力主改良的思想、熱愛心靈自由的人生追求，以及「我愛我師，我尤愛眞理」的氣概，爲理想而奮鬥的百折不回的精神，對我們今天的讀者不僅有認識價值，而且具有現實意義。

「凡在天地之間者莫不變」是梁啓超始終如一的思想主張，他不僅主張社會要變，而且主張治學方法、治學觀念等等都應變。變的觀念在今天看來，似乎很好理解，但在歷史上，爲使人們普遍接受它，許多思想先驅獻出了自己寶貴的生命。因爲要改變人們的世界觀，人類必定要付出巨大的代價。

在現實生活中，思想解放，擁有變的觀念，就可以保持對生活的樂趣，活出與人不同的意義；整天沉溺於舊的生活模式中，視舊觀念爲人生圭臬，人就會變得孤癖而消沉，這也看不慣，那也看不慣，這也不順心，那也不順心，最終變成一個抑鬱寡歡的人。同時，在生活中擁有變的觀念，還可以促使人不斷地改造生活，並從而創造生活。所以擁有變的觀念，在生活中可以使自己心胸開闊，可以讓人學會理解與寬容，並不斷用新方法、新形式來充實自己的生活。

《詩》曰：「周雖舊邦，其命維新。」時代要發展，必須要改革、要變化，一個人要在現實生活中立於不敗之地而又擁有生活的佳趣，就該不拘泥於既成習俗，以變應對變化了的現實，以變的觀念來創造新生活，這便是梁啓超的「變」的觀念給我們的啓示。

自由者，天下之公理

著名美學家高爾泰說：「美是自由的象徵」。梁啓超說：「自由者，天下之公理。」匈牙利詩人裴多菲有一首詩寫道：「生命誠可貴，愛情價更高，若爲自由故，二者皆可拋。」這首詩在「五四」前後廣爲青年傳誦，由此可見，自由彌足珍貴。梁啓超的《論自由》發表於一九〇二年的〈新民叢報〉上，這是他深受西方文化影響的結果。在這以前梁啓超廣泛地閱讀西方各類書籍，並立志要爲中國的自由事業獻出自己的一切。在《飲冰室自由書》的〈序〉中談到「飲冰室」名字的來歷，引莊周的話「我朝受命而夕飲冰，我其內熱歟。」並說：「西儒彌勒·約翰曰：『人群之進化，莫要於思想自由，言論自由，出版自由。』三大自由，皆備於我焉，以名吾書。」在《飲冰室自由書》中，梁啓超以西方社會的變遷談到人權、自由在西方社會發展中的重要作用。但梁啓超最終把自由的落腳點放在心靈的自由上，他認爲自由的實質是自己解放自己並最終達到精神之自由。

精神自由是一種人生境界，而要達到精神自由就應像梁啓超說的那樣，不要作古人的奴隸，不要作世俗的奴隸，不要作境遇的奴隸，不要作欲望的奴隸，最後不要作自己的奴隸。在哲學上，自由和必然相對，它和必然屬於不同的兩個範疇。自由是建立在充分掌握必然規律基礎上的精神狀態。

那麼在現實人生中，應該如何理解自由呢？自由是一種精神境界，是一種人生境界，只有正確處理了自由的有限和無限的關係，才能達到眞正的自由，才不至於把自由理解成隨心所欲，而最終失去自由。

其實精神自由的最終實現是在文化藝術人生信仰的實踐中完成的，或者說，這種自由是最高層次的。精神自由因爲和現實生活離得很遠而顯得無牽無掛無拘無束，所以梁啓超說：「境由心造。」他舉例說，有一天風刮得太大把旗子刮得東倒西歪，一位和尚說，這是風動的緣故，因有風動才見旗動，另一位和尚說，這是旗自動的緣故，因旗動才感覺有風，兩個人爭來爭去誰也說服不了誰，六祖大師來了，說：「這既不是風動，也不是旗動，而是人的心自己在動。」梁啓超以此證明「境由心造」。這未免過於唯心了一點，但無疑的，梁啓超道出了精神自由給人生帶來的妙趣。

自由源自對認識對象的知和能。當人瞭解汽車駕駛的方法並能熟練地掌握它，你就會自由自在地支配汽車，讓它爲人服務，所以人類自由的程度也意味著人類征服自然的程度，意味著人類文明的程度。梁啓超寫文章能上下古今，縱橫中西，旁徵博引，就是因爲他擁有古今中外廣博的知識，見多即帶來識廣，這使得他的文章觀點獨到，富於感染力和鼓動性。

所以自由和阿Q式的精神勝利法有著本質的區別。阿Q的精神勝利法是處於蒙昧狀態的人的一種自欺欺人的作法，是一種純粹的自我痲醉，而自由是人類脫離愚昧後的自我解放。因此，在現實生活中，人們要想擁有眞正的自由就應該不斷地豐富自己，在增強自己的社會實踐能力的同時，不斷提高自身的文化素養，提高自己的精神素質，達到最大程度的自我完善。只有這樣，生活才能變得有意義，人生才會過得有質量。

梁啓超在談到自由時花了大量篇幅談人自身的自由。他說：「若有欲求眞自由者乎，其必自除心中之奴隸始。」有人說：「人，最困難地莫過於戰勝自己。」因爲每個人有許多弱點，包括有許多帶有普遍意義的人性弱點，這些弱點在精神上和實踐中奴役著我們，支配著我們，戰勝這些弱點亦即「自除心中之奴隸」，現實生活中有許多不爲自由所容的種種誘惑，讓我們漸漸拋離自己，放棄自己，並從而走向不自由的境地，而戰勝這些誘惑又必須付出相當的代價。所以自由不僅意味著人的文化素質、文明程度，也意味著人的自我克服程度。做人，是何等地難！放任自流不會獲得自由，而自我約束又沒法自由，這是不是也是一種兩難？

我愛我師，我尤愛眞理

梁啓超一生都主張「變」，主張社會文化乃至治學都應變化，都應發展。梁啓超師承康有爲，他從康有爲那裡不僅接受了今文經學思想，而且接受了變法維新思想，他十分推崇康有爲，從學問到爲人都將康有爲視爲自己的精神導師。但是光有繼承沒有發展充其量只是重複康有爲的思想學說，充其量成爲一位既有精神財富的蒐集整理者，而不可能給人們帶來更多的新知識。要發展就得在繼承的基礎上對既有的精神財富進行揚棄，這會不會引起康有爲的反對？會不會引起康、梁之間感情的隙罅？如果引起康有爲的不滿，梁啓超會不會放棄自己的思想而一味地遵從康有爲的觀念？梁啓超對此作了回答，他鄭重地說：「我愛我師，我尤愛眞理。」

戊戌政變前，梁啓超的思想雖有自己的特點，但並未超出康有爲的思想範圍。流亡日本後，他大量接受西方文明影響，思想發生了很大的變化。他提倡自由，提倡發展的觀念，同時大力宣傳民權思想，受到康有爲的嚴辭批評，但梁啓超並不以爲然，並宣稱「不惜以今日之我與昨日之我戰」，面對康有爲指責他思想的變化，他說：「爲國而善變，就是磊磊落落的大丈夫。」

梁啓超的一生經歷了多次這樣的變化，而每次變化都是以尋求民族出路爲原則。早年的梁啓超熱衷科舉，苦研八股經文，拜師康有爲門下，康有爲對桐城派文學及八股取士制度大加痛斥，令梁啓超新奇而震驚，但康有爲的變法維新思想是順應歷史的潮流，是爲了尋求民族富強之路，所以梁啓超毅然決然拋棄舊學，而一心研讀今文經學，接受維新思想。如果梁啓超一味地迷信於八股而不願捨棄舊學，他的歷史也必將重寫。

孔子說：「大學之道，在明明德，在親民，在止於至善。」又說：「知止而後有定，定而後能靜，靜而後能安，安而後能慮，慮而後能得。」後來的學者從中得到啓發，認爲：「學貴知止。」意思是說，讀書做學問貴在明確最終的目的。其實不僅讀書做學問貴在「知止」，做什麼事情都應該知止，都應該有一個明確的目標，而爲了達到這個目標就不能隨便停頓下來，更不能因爲師長反對而不敢越雷池一步。梁啓超認爲的「眞理」指的是救國的出路，爲了尋求救國的出路，他不怕康有爲的反對，這說明他正在由信仰人格邁向理性人格，這是一種可貴的精神變遷。

瑞士著名的心理學家榮格學出佛洛伊德門下，他早年對佛洛伊德的下意識、性觀念、精神分析學說深信不疑，但後來對佛洛伊德的下意識和性觀念提出質疑，並大膽地提出「集體潛意識」說，遭到佛洛伊德的反對後，最終和佛洛伊德分道揚鑣，另立門戶。哥白尼的「日心說」不僅動搖了上帝的地位，而且結束了一個時代——信仰的時代，開創了一個新的時代——理性的時代。所謂信仰的時代即無條件的信仰上帝、信仰宗法等等的時代。所謂理性的時代即尋求眞理的時代，也是人的思想大解放的時代。梁啓超處於受宗法思想嚴重桎梏的時代而能向自己敬重的師長挑戰，不能不說是了不起的進步，也正是這種探求眞理的精神，使他從擁護袁世凱，發展到討伐袁世凱，使他既主張尊孔讀經而又反對恪守教條頑固不化。在梁啓超心目中，世界上不存在什麼至高無上而神聖不可侵犯的權威，如果有，那便是眞理，在他那裡，也即救國之路，愛國之心。

理解了梁啓超的「我愛我師，我尤愛眞理」的精神實質，理解了「學貴知止」的重要意義，我們在實際的人生中就可以堅定自己的事業追求和人生信仰，既不固步自封，又不迷信權貴，更不能懾於某種感情的精神壓力，也只有這樣，才能達到梁啓超所說的精神之自由的人生境界，所以，理解梁啓超的「我愛我師，我尤愛眞理」有助於我們理解梁啓超的「自由者，天下之公理」的內在宗旨，這兩種精神相輔相承，有效地統一在梁啓超的個性氣質之中。

根深方能葉茂

凡真能創造歷史的人，就要仔細研究他，替他作很詳盡的傳。而且不但要留心他的大事，即小事亦當注意。大事看環境，社會，風俗，時代；小事看性格，家世，地方，嗜好，平常的言語行動，乃至小端末節，概不放鬆。

——梁啟超《中國歷史研究法補編》

吾家自始遷新會十世為農，至先王父教諭公始肆志於學，以宋、明儒義理名節之教貽後昆。

——梁啟超《哀啟》

文明弱之國人物少，文明盛之國人物多。

——梁啟超《南海康先生傳》

每一個人成功都不是偶然的，有許多社會的、自然的原因，有許多個人的努力也有許多家世的淵源，這些都是人成功的文化氛圍和內在、外在的條件。

梁啓超博大精深，他的著作是百科全書式的，他有多方面的才能。由於時代的原因，他那些在當年被認爲平易流暢的文章在今天的讀者來看，文言成分仍是太重，而他晚年的白話文章又是那樣淺顯易懂，對比十分鮮明，令人驚訝。

梁啓超如何會取得這麼大的成就？這些成就與他個人的氣質稟賦有什麼樣的關係？丁文江、趙豐田二位先生在《梁啓超年譜長編》中說：「一個人的性格，是左右他一生事業的主因，而一個人的善惡優劣……的稟賦，多半是因襲他的先人，和幼年的家庭環境所造成。」也許，這便是我們認識梁啓超的起點。

家世是種文化

近些年文化領域掀起了一股不小的「尋根」熱，文學領域也有了「尋根文學」，人們意在尋找我們整個民族的文化之根，找到我們整個民族的民族性格及民族文化形成的內在原因。

梁啓超在他的《三十自述》中說：「先世自宋末由福州徙南雄，明末由南雄徙新會，定居焉，數百年棲於山谷。」現有據可查的記載，梁姓的來源據說從秦仲的少年康封於夏陽的梁山開始，從「康」字輩下傳六十三代到「紹」字輩，開始遷居廣東，這樣我們便可以知道，廣東有梁姓是從梁姓的「紹」字輩開始的。

梁啓超的祖輩世代務農，他的祖父和父親都先後做過鄉里都團的頭目，這些都團是當時鄉間的基層政權，有自己獨立的武裝，制定有一系列的政權制度，這些給幼年的梁啓超留下了深刻的印象。由於祖父、父親在都團裡的聲望，加之當時梁家整個家族勢力正處於上升時候，這使年幼的梁啓超遇事極富自信力，他想像他父輩那樣，獻身於政事，想有一番大的作爲。但是，梁啓超的家族裡尚無人中個舉人進士什麼的，屬於那種「富而不貴」的家庭，在「學而優則仕」的社會背景下，畢竟腰杆不算太硬。從梁啓超的祖父開始便「肆志於學」，其父繼承梁啓超祖父之志，在仕途路上繼續苦苦追求，這給梁啓超幼年捧讀造就了良好的家庭環境，而梁啓超後來說的他的「學術興味」便萌芽於此。

家庭環境往往決定一個人一生的性格，這不僅體現於梁啓超身上，在作家郁達夫、張愛玲等人身上也明顯地體現著。郁達夫出生成長之時，正是郁氏家道中落的時候，這造成了郁達夫的憂慮、敏感、自信力不足等性格特點。張愛玲的奶奶是李鴻章的女兒，可謂豪門世家，但到了張愛玲的父親，他除了丟掉了前輩的進取性一面，把父輩吃喝嫖賭等沒落才子文人那一套全學會了，整天待在鴉片煙館裡，最後和張愛玲母親離婚，而張愛玲在父親、繼母的辱罵毆打下過著毫無溫情的生活，她不能不在夜間跑到她生母那裡，她的生母可以尊重她供她上學，但並沒盡到多少母親的責任。在這樣的家庭環境中長大，張愛玲漸漸養成了沉默寡言、孤癖多疑的性格，同時又由於她是名門之後，飯來張口、衣來伸手，她毫無自立的能力，也沒想到生活要自立，所以她在生活小節上隨意馬虎，不愛收拾。因爲，她在家裏沒人管她，更沒人敎她。

梁啓超生活於「富而不貴」的家庭裏，其家族都嚴於律己，很想在仕途上發展，這造成了梁啓超嚴謹、上進而又心胸開朗的性格，所以說，家世給他的精神饋贈是十分豐厚的。

我們許多人不注重家庭環境建設，總以爲教育孩子的責任在學校而不在家庭，而一旦教訓起孩子又不顧客觀條件，其實對孩子最好的影響是大人的言行，甚至包括大人的喜好、大人的行為方式、說話口氣及大人的交友情況，都是孩子成長的環境，都能影響孩子性格的形成。家世所以能成為一種精神文化影響後人，就是因為在家世的歷史長河中漸漸積累了不少優秀的（當然也有非優秀的）傳統和精神風貌及價值取向，一代代積累下來，一代代傳遞下去，形成一種深厚的精神崇尚，而這些積累，需要一代代人的共同努力。現在這樣的大家族，似乎不多了，但一個家庭仍有親朋存在，尤其是隨著城市文明的發展，一個人的社交圈子，一個人的朋友結構，在很大程度上可以說明一個人的價值取捨，影響一個人的人格修養，這自然也就構成了孩子們受影響的家庭環境。所以每個望子成龍的父母，都不能一味地把注意力放在孩子的生活環境的建設上，更應該注意孩子成長的精神環境。

「時勢造英雄」與「抓住機遇」

認識一個人不能不認識他所處的時代，因為時代即機遇，時代才會給他提供成才的機遇。孟子曰：「不知其人可乎？是以論其世也。」魯迅也說，談論一個人最好要聯繫他所處的時代，找出他思想產生的時代根源。梁啓超在《南海康先生傳》中說：「有應時之人物，有先時之人物」「應時人物者，時勢所造之英雄。」梁啓超就是他自己所說的「應時之人物」，是「時勢所造之英雄」。

梁啓超出生於英雄輩出的時代。在他的出生地新會縣不遠的廣東香山縣（今中山市）有孫中山，廣東南海縣有康有爲，廣東花縣有洪秀全。梁啓超出生的時候，李鴻章五十一歲，張之洞三十七歲，康有爲十六歲，孫中山八歲，這些人和後來的梁啓超均有較多的交往，而康有爲和梁啓超的關係更是廣爲人知。梁啓超的出生地廣東受資本主義文化影響較深，正値國內的階級矛盾和民族矛盾十分尖銳之際，國家民族正是尋找出路的時候，也正是需要英雄的時代，梁啓超可謂「生來逢世」。而在梁氏家族，從梁啓超的祖父開始「肆志於學」，經過梁啓超的父親這一代，也積累了不少崇尚文化的傳統，到梁啓超也到了該出成就該有所作爲的一代。

在西方，卡萊爾是位典型的持英雄創造歷史觀念的思想家，他在《英雄和英雄崇拜》一書中宣稱：「世界的歷史，人類在這個世界上已完成的歷史，歸根結柢是世界上耕耘過的偉人們的歷史。他們是人類的領袖，是傳奇式的人物，是芸芸衆生踵武前賢、竭力仿效的典範和楷模。」他認爲「整個世界歷史的靈魂就是這些偉人的歷史。」我總認爲，個人的努力、個人的天賦不能不承認，不能不重視，但時代環境也絕不可忽視。

當然，時代提供機遇是一回事，能不能抓住機遇又是一回事。即使那些被稱爲弄潮兒的人，其能力也有高低之別。常言說「坐失良機」，就是指有機會抓不住。在現代，提倡引進外國的先進科學技術，許多懷抱報效祖國的文人志士紛紛到國外留學，有些學成歸國，成了著名科學家、著名學者，也有些只是鍍了點金，什麼也沒學到，像錢鍾書的小說《圍城》中的方鴻漸。所以說，時代只給人提供機遇，而能否有效地抓住機遇那就是個人的事了。

機遇總是給那些有所準備的人，要想抓住機遇就應該不斷地自我完善，從各方面提高自身的修養。在過去，談到自我完善、自我修養，人們多指思想道德方面，多指文化理論方面，實際上，自我完善的一個十分重要的方面是實踐能力，在經濟社會中還應包括自我生存能力。過去人們認爲詩書乃經國之大業，面對孔子的《論語》，高呼「半部論語治天下」，培養了許多坐而論道卻無法走向社會的空頭理論家。其實，人生更要緊的還是在實踐中充分實現自己的人生價值。

家有詩書便自貴

當人有吃有喝有衣穿了，當人的溫飽解決了以後，還想做點什麼？這是人們前幾年普遍關心的問題，這個問題本身即說明我們以前確實很窮，說明我們過去幾十年尙在爲人的生存第一需要——溫飽而奔波，自然談不上人的精神需求，談不上人的文化消費了。如今，有一些人先富有起來了，他們開始感到空虛，感到無聊，感到精神無處寄託，於是開始慨嘆：「我們窮得除了錢以外什麼也沒有了。」他們開始想讀書，想充實自己的精神。

眞正的讀書應該是一種無功利的娛樂，一種精神的暢遊，一種無拘無束的精神解放，那種爲了謀生活、謀功名的讀書無法眞正享受到讀書的快樂，所以當有的人衣食有著落了，當有的人「窮得除了錢以外什麼也沒有了」時再來讀書，便開始懂得讀書的眞正意義了。

梁啓超家族對讀書的認識當然著眼於「仕途」，但對文化開始傾注熱情也說明他們開始注重精神的東西。從他的祖父梁維清開始，決心改變梁家「富而不貴」的局面，那時梁家在鄉里有相當的勢力，可謂家底殷實。富有了總該有別的追求，梁維清開始潛心讀書，在科舉的路上孜孜以求，許多年後，梁維清終於中了秀才，成了府學生員，後來做過教諭官職，雖奮鬥一生，僅作個地位卑微的八品官，但總算對梁氏家族有所貢獻，而且作爲傳統留給後人，讓其子梁寶瑛繼續努力。梁維清因喜讀詩書，結交了許多文人雅士，經常聚在一起互相酬唱，給梁家帶來了不少文化氣息，在詩文酬唱時，梁維清讓其子梁寶瑛（即梁啓超的父親）和孫子梁啓超參與進來，讓他們也和這些文人雅士在一起，以陶冶情性。梁寶瑛繼承父志，繼續跋涉仕途，並不如其父，考得白髮上頭，也未中半個秀才，但他的詩文功底卻顯然超過其父，梁寶瑛後來作了私塾先生教授鄉里，從此，梁家書香之味一日濃比一日。而到了梁啓超，更是從小就受到詩書濡染，且受到良好的教育。

談到梁啓超的祖父、父親及他本人，一代代積累下來終於出了梁啓超這種大師級人物，到了梁啓超的兒子梁思成，他又另闢蹊徑，成了著名的橋樑建築專家。這不能不讓人想到「家學」二字。「家學」已有許多年沒聽人談起過了，在十年動亂時期，說文學文化各個領域成了「精神貴族的世襲領地」，要奪取之，占領之，便是指這些精神領地父子、兄弟太多的情形，有的幾代均是大師級文化名人。現在有人又重提家學，並提倡建立家庭文化氛圍，這不能不令人深省。

家學是什麼呢?家學是一種精神，是一種文化傳統，而且這種精神這種傳統經過了幾代人的轉承積澱，漸漸構成家庭每個成員的文化性格。家學又是一種文化沙龍，這種文化沙龍是無聲的，家庭成員處身其中，以無聲的方式互相交流，而這種交流又純粹是精神的，包括思維習慣、行爲方式、價值立場、情感好惡等等。現在人們樂意接受「精神貴族」這個說法，實際上，貴族本來就是指精神方面的，那種用於指社會地位的「貴族」早已失去意義，即便原先用於指社會地位的「貴族」也隱含著一種精神的東西，也隱含著文化的意義，因爲那時受教育的機會幾乎是被貴族壟斷著，所以貴族一詞的最終意義是精神、是文化。而家學的實質就是培養人崇尚文化、崇尚精神。

家學離不開書，沒有書的家庭談不上有什麼家學。梁啓超家裡開始藏書，據他自己說，是從其祖父梁維清開始，所有藏書僅只一部《史記》、一部《綱鑒易知錄》，梁維清和梁寶瑛每天必讀書，手中捧的不是《史記》就是《綱鑒易知錄》，所以後來梁維清和梁寶瑛能背誦《史記》的大部分。

人常說：「腹有詩書氣自華」，又常說：「家有詩書便自貴。」前些時候有關方面調查統計說：全國平均藏書在逐年減少。也許我們離物質的殷實越來越近了，那麼離精神富貴還有多遠呢？

孟母教子

在民間廣為流傳的兒童啓蒙讀物《三字經》中有這樣幾句話：「昔孟母，擇鄰處，子不學，斷機杼，竇燕山，有義方，教五子，名俱揚，養不教，父之過，教不嚴，師之惰。」這都是談教育尤其是家教的重要。後來成為儒家亞聖的孟子，小時候並不是認眞念書的，且因鄰里原因。為了培養孟軻，他的母親不得不搬家，但孟軻仍中途棄學，孟母因而砍斷織機上的布，說：你如果不認眞學習，就要像這砍斷了的織物，成爲一個沒用的人。孟軻從此發奮讀書，終成大器。類似孟母教子的故事很多，而許多學有所成的人大都受過良好的家庭教育，梁啓超也不例外。

梁啓超從小就很受其祖父梁維清的器重，在他身上寄寓了梁維清的科舉之夢。從四歲開始，梁啓超就在祖父及母親的指導下苦讀《四書》，讀一段，梁維清就爲他講解一段，夜裡就睡在祖父那裡。六歲以後，梁啓超跟著父親讀書。在梁啓超的弟弟梁仲策所著《高祖以下之家譜》和《曼殊室戊辰筆記》中，對梁維清教育子孫的情形有較爲詳實的記載。梁啓超跟隨父親讀書後，很快讀完了《五經》，在私塾讀書時，老師對他要求甚嚴，回到家便又要接受父親的測試，八歲的時候便開始寫文章，九歲時便能下筆千言了。

梁啓超所受的家教不僅包括讀書作文，還包括人格修養。在梁啓超的〈我之爲童子時〉一文中，記載了他六歲時因說謊而挨打的故事，從中可以見出家庭教育對他人格形成的作用。文中說：「我爲童子時，未有學校也。我初認字，則我母教我。……祖父母及我父母皆鍾愛我，並責罵且甚少，何論鞭撻。……我家之教，凡百罪過，皆可饒恕，惟說謊話，斯斷不饒恕。」文中記載說他六歲時說了次謊（爲什麼說謊，成年後的梁啓超也全然沒了印象），沒想到後來被母親發覺，晚飯過後，母親將他叫到臥室的床前，嚴加盤問，並十分惱怒。梁啓超的母親知書達理，「溫良之德，全鄉皆知。」梁啓超生平只看到母親整天面帶笑容，一副慈祥和善的樣子，那天卻滿面怒容。母親讓他跪在地下接受詰問，後來母親把他按在膝下，用力抽了幾十鞭子。那天母親和他談了很久，教他了許多做人的道理。幾十年後梁啓超還記得母親的話：「汝若再說謊，汝將來便成竊盜，便成乞丐。」母親說：一般的人爲何說假話？要麼是不應該做的事而你做了，怕別人責罵，就謊稱自己沒做；要麼應該做的事而你沒有去做，怕別人說就謊稱自己做了。不該做的卻去做，該做的卻不做，本來就錯了，不知錯也情有可原，而說謊的人卻明知錯了卻又自欺欺人，將來被人們知道了，大家都認爲這個人愛說謊，就沒有人信任他了，沒有人信任簡直連乞丐也不如了。母親的這段話梁啓超後來時時憶起，並視其爲「千古名言」。

這倒讓人想到梁實秋來。梁實秋家從不趕時尙，絕對禁賭，家中從不打麻將，有一天梁實秋問起麻將的打法，被父母狠狠訓斥一頓，從此作罷，再不敢提麻將二字，而梁實秋一生不愛打麻將，恐與這次訓斥多少有些關係。

然而世界畢竟變了，被人們稱道的家教在有些人那裡不再被提及，甚至把孩子朝邪處引導。近日看得一幅漫畫，一個孩子的父親給孩子看一本叫《孔融讓梨》的書，孩子母親大驚失色，斥責其父曰：你給孩子這樣的書，讓他如何適應社會？父母是孩子最早的啓蒙老師，啓蒙不僅包括文化啓蒙，還包括情感啓蒙、價值觀念的啓蒙，而這啓蒙往往決定著人的一生的情感觀念和個性特點。梁啓超一生勤儉，對事業兢兢業業，與他從小受到的父母薰陶關係密切。目前許多人在深思怎樣做父親的問題，家教多屬於倫理道德情感教育，而這些年觀念發展很快，如何適應新形勢，如何讓孩子既不丟掉傳統美德又能很快地適應社會，就不僅僅是社會學家思考的問題，也是所有做家長的所面臨的問題。

有志不在年高

梁啓超在《南海康先生傳》中談到世界上的英雄人物，在總結英雄人物的個體品質時說：「凡先世人物所最不可缺之德性有三端：一曰理想，二曰熱誠，三曰膽氣。三者爲本，其餘則皆枝葉焉耳。」梁啓超從小就有遠大志向，十多歲時，他想在科舉路上走出家族的榮耀，當他拜師於康有爲的門下，系統地接受了康有爲的維新變法思想後，便立志成爲爲國家前途計的政治活動家，而且從梁啓超一生的經歷中可以看到，他也確實在爲自己的理想而矢志奮鬥。當變法維新失敗，梁啓超在流亡日本時寫下了慷慨悲壯的《去國行》，對自己的變法維新志向仍堅守如一：「吁嗟乎，男兒三十無奇功，誓把區區七尺還天公。」

人生苦短。人到三十以後才明白。而一句俗語說：人到三十萬事休。孔子說：三十而立。爲什麼說三十以後才明白？爲什麼說人到三十萬事休？因爲人在三十歲以前不甚成熟，而三十歲過了，有了閱歷，比較明白了，卻又感到歲月匆匆，時不待我了。所以人要想不辜負自己就得做一番事業，而要想做一番事業，就得早立志，立大志，而且要沿著既定道路不停地走下去。

早立志可以讓人有明確的奮鬥目標，圍繞這個目標細心經營自己。我們生活在這個社會中，我們在為社會上的各種事物、各種現象命名的時候，我們也在被社會命名。我們命名一種交通工具為「小汽車」或「麵包車」等，而我們也在被命名為「教師」、「商人」、「學者」等等。「教師」、「商人」、「學者」卻不是隨便指派給誰的名稱，它們是一種職業，也是一種社會角色，而人一旦從小立志擔任什麼社會角色，便會更出色地完成這一角色的社會使命，不致讓人稱為「水貨」。所以立志可以讓人更出色地承擔起社會責任。

沙特說：「人總是大於他所是的」，「他所是的」即指他扮演的社會角色，比如一個出版家、一位作家等，「人總是大於他所是的」就是人不僅能成為一位畫家，他同時還可以成為一位詩人、一位工程師，但是隨著社會分工越來越細，社會對職業要求的專業化程度也越來越高，社會需要樣樣能幹的通才，但更需要各方面專業人才，即沙特所說的「他所是的」。早立志可以有意識的在某個領域、某個專業多下功夫，強化「他所是的」所以早立志可以讓人「專」，只有在

「專」的基礎上「博」，博才會變得有意義、有價值。

早立志還可以以「志」時時約束自己，因心存大志，便自然會自己提醒自己不能懈怠，應該兢兢業業。「志」像一種無形的壓力，又像看不見的鞭子，時時催人奮進。有位作家曾談到自設壓力和自學成才的關係，認爲光想成才不行，還要有目標，而且這目標應有長期目標和短期目標，只有一步步接近目標，才談得上成才。胡適從小想當個考古專家，魯迅想透過學醫來解除像他父親那樣人的病苦，馬克思想在大學謀個職務，當個教授。沒有早期的志向便不會有日後的成功。

早立志可以促使自己珍惜時間，古人說：「少壯不努力，老大徒傷悲，」努力不能無目的地努力，而應該定向努力。「三十而立」，三十歲以前應該是知識智力積累時期，人類社會越發展，流傳下來的文化知識越多，而要瞭解這些文化知識必須用相當的時間，但時間如白駒過隙，轉瞬即逝，所以必須抓緊時間。我們從小就由老師、父母教唱著這樣一首歌：「明日復明日，明日何其多，我生待明日，萬事成蹉跎。」這首歌一代代傳下來，讓人不能不警醒。

打好基礎

做學問的人很講功底，選拔運動員很講身體素質，那實際上都是講基礎。現代史上出現的那麼多學貫中西的大作家、大學者，無不有著紮實的國學基礎和外語基礎，而當代許多作家寫到一定時間便感覺江郎才盡，便是缺乏起碼的中國傳統文化基礎的原因。傅雷當年寫信給他的兒子傅聰，一再告誡他學音樂千萬別越級，一定要打好練耳視唱基礎，要把每一步基礎打牢，只有這樣方能推陳出新。

古人說：「千里之行，始於足下。」現代人說：「萬丈高樓從地起。」任何事物均不能一日成功，尤其在「根基」上須下一番苦功夫。梁啓超之所以成爲一代學人，成爲改良運動中「輿論界」的驕子，與他有著深厚的古典文學修養有著必然的聯繫，因爲在我國古代文學、歷史、哲學三者融爲一體，所以梁啓超在作文時能縱論古今，深入淺出。在《三十自述》中，梁啓超說自己五歲開始讀《四子書》、《詩經》，六歲的時候讀中國略史，並讀完了《五經》，八歲的時候其父便教他寫文章，從立意到謀篇佈局受到嚴格訓練。十一歲那年在廣州中了秀才後，便進了當時廣州名重一時的學海堂。學海堂是原兩廣總督阮元開設的，阮元精通古詩古詞，尤其對詞章訓詁興趣甚濃，他本人在文人學士中也享有盛名，寫過不少書，他開辦學海堂目旨在爲地方的士子們提供一個訓詁詞章的地方，同時也好讓大家在一起討論學問，互相激勵。梁啓超在這裡一待就是四年，四年裡他還到菊坡、奧秀、奧華等書院旁聽課程。梁啓超原來學的多是八股文章，意在步入仕途，而學海堂、菊坡、奧秀、奧華等這些華南最高學對八股文章卻並不十分重視，反而對詞章訓詁、典章制度等方面的學問尤爲倡導。當時能登上這些學府的首席講座的是學問極深的「宿儒」，地位相當尊貴，每屆的督撫到任必定先去拜望這位首席老師，所以這些學府的古文化氣氛甚濃。當時梁啓超在這樣的環境下如飢似渴地閱讀諸如《皇清經解》、《四庫提要》、《四史》、《知不足齋叢書》等儒學著作，打下了紮實的儒學基礎。

梁啓超在廣州四年不僅奠下了堅實的傳統文化基礎，而且大大開闊了視野，使他知道了除了帖括之外，還有許多深奧的學問，這使他的知識結構不再單一「純粹」，也初步動搖了他對八股文章的固執追求，這爲他見到康有爲後捨力學習今文經學，打下了思想基礎。同時，也開闊了他的視野，啓迪了他思想解放的胸懷。

對於一個人的一生來說，「基礎」應有著豐富的內容，它包括文化知識的、情感取向的、性格的等等，概括地說，它包括外在的和內在的。西方心理學家十分重視兒童的情感積澱，這實際上就是在研究兒童的情感基礎，它是一種人自身的內在的研究。譬如蘇曼殊、柳亞子，再譬如郁達夫、徐志摩等等，他們都注意知識文化的積累，知識文化的積累也僅能分個高下深淺的區別，而他自小的情感積累乃至對形成他們各自個性的性格積累卻相差懸殊，「基礎」在這裏顯示的力量不能不讓人震驚，而研究一個人的性格基礎又不能視爲教育家、倫理學家專有的課題，實在值得全社會每個人予以關注。

出名要早

梁啓超開始發蒙讀書時，其父梁寶瑛還在科舉之路上艱難跋涉，而他的祖父梁維清結交的文朋詩友經常在梁家聚會，梁寶瑛當時也結交了許多科場儒生，他們常在一起吟詩作文，研習學問。有一天，一位朋友造訪梁寶瑛，梁寶瑛讓七歲的梁啓超爲客人沏茶，客人見梁啓超長得端莊清秀，又早聽說幼小的梁啓超記憶力驚人，便想試試梁啓超究竟聰明如何，於是接過梁啓超遞過來的茶，隨口吟一句：「飲茶龍上水」，命梁啓超對下句，梁啓超不假思索，應聲答道：「寫字狗扒田。」客人在上聯用的是新會縣的當地俗語，梁啓超對的下聯用的也是新會俗語，客人見難不倒他，便出了句難度大的一聯：「東籬採客陶潛菊」，梁啓超並不怯場，隨口以「南國人懷召伯棠」作對，客人大驚，要梁寶瑛好好培養梁啓超，並說梁啓超這樣下去，將來必成大器。從此，梁維清、梁寶瑛父子倆更把心血放在教授梁啓超作詩習文上，梁啓超的學識也大大長進。

一八八二年，梁啓超剛過九歲的生日，其祖父梁維清及其父梁寶瑛便讓梁啓超赴廣州應童子試。梁仲策在《曼殊室戊辰筆記》中說梁啓超「十歲就學於邑城周惺吾先生。是歲始應童子試」。梁啓超乘舟逆江而上，飽覽兩岸秀麗景色，胸中頓生慷慨之情。梁啓超乘坐的那條船上大部分是到廣州應試的讀書人，有十多歲換齒乳童，有二十多歲的倜儻青年，也有四、五十歲的老書生，讀書人聚在一起便喜賦詩作文，且互相臧否，每次吃飯，他們邊高談闊論，故作高雅地要聯句聯詞。有一天他們又圍坐在飯桌上擺出才子氣談天說地。突然有位書生指著盤中的鹹魚，要梁啓超以鹹魚爲題吟詩，這位書生話音剛落，梁啓超便吟出一句：「太公垂釣後，膠鬲舉鹽初。」頓時鴉雀無聲，衆人面面相覷，爾後又歡聲一片，皆稱梁啓超爲「神童」。同船的梁維清、梁寶瑛見梁啓超這樣有出息，心中甚覺安慰，而同船的書生一個個主動和梁啓超攀談，一時間，梁啓超成了全船人注意的中心。船上吟詩的事迅速傳開，梁家出了個「神童」的話傳遍了新會全縣，梁啓超就此算出了名。

「神童」的名聲有了，但並無多大實際的意義，也沒有更能說服人的依據證明梁啓超的「早慧」。第一次到廣州應童子試雖有了「神童」的美譽，但考試結果卻令人沮喪。但梁啓超並不是毫無收獲，這次雖未考取，卻見識了大都市文明，大大地開闊了眼界。一八八四年，十一歲的梁啓超再次到廣州，一舉考上秀才，補博士弟子員，這實在給了梁氏家族一個不小的震動。梁啓超的祖父梁維清畢其一生，也不過中了個秀才，而他的父親梁寶瑛考到梁啓超八歲，最終連半個秀才也沒考上，梁啓超卻十一歲攀上秀才之梯，不能不讓梁氏家族對他另眼相看。所以當梁啓超「補博士弟子員」後，周惺吾先生曰：「吾不能教之矣」（梁仲策《曼殊室戊辰筆記》）。從此，梁啓超在新會的名聲就更大了。

「出名要早」原是張愛玲寫出《沉香屑——第一爐香》和《沉香屑——第二爐香》而一舉成品於文壇時的感慨。那年張愛玲年僅二十二歲。大家給予她的小說以高度的評價，當時上海的「雜志」月刊社還爲張愛玲舉辦了「《傳奇》集評茶會」。當她的第一本小說集《傳奇》出版時她抑制不住激動地寫道：「出名要趁早呀！來得太晚的話，快樂也不那麼痛快。」她說，「最初在校刊上登兩篇文章，也是發了瘋似地高興著，自己讀了一遍又一遍，每一次都像第一次見到。就現在已經沒有那麼容易興奮了。所以要加要催，快！快！遲了就來不及了，來不及了。」這種「成名要早」的念頭促使張愛玲夜以繼日伏案筆耕，使她在短短幾年便卓然立於中國文壇。

梁啓超可謂早早出名。早出名不僅可以及早享受成功的喜悅，還可以促使人愈發勤奮好學，百尺竿頭，更進一步。早出名可以贏得許多新的支持，促使人早日成功。而日後再憶起年少時的洋洋自得勁，雖不免覺得當初的年幼無知甚至膚淺可笑，但仍有一股幸福溢在心頭，那不失為人生一樂事。

名人與偉人

歷史上有許多少年得志而成年後反而失志的人，歷史上也有許多早年默默無聞而後來成了曠世奇才的。早出名可以促進人不斷進取，可以給人以信心和力量，也可以讓人沉溺其中，最終淪爲氓民。

讀過書的人多知道傷仲永的故事，因故事不長，且錄如下：據《王文公文書》說，「金溪民方仲永，世隸耕。仲永生五年，未嘗識書具，忽啼求之。父異焉，借旁近與之，即書詩四句，並自爲其名。其詩以養父母、收族爲意。傳一鄉秀才觀之。自是指物作詩立就，其文理皆有可觀者。邑人奇之，稍稍賓客其父，或以錢幣乞之。父利其然也，日板仲永環乞於邑人，不使學。予聞之也久，明道中，從先人還家，於舅家見之，十二、三矣。令作詩，不能稱前時之聞。又七年，還自揚州，復到舅家，問焉，曰：『泯然衆人矣』。」這該是多麼可悲的事情！從未見過書具的方仲永突然能作詩，並在一夜之間出了名，鄉鄰以爲仲永以後必成大材，趕忙趨迎巴結，而其父抓住這「名人效應」也著實賺了一點銀兩，只可惜他不讓仲永去讀書受教育，僅把仲永的名聲當作賺錢的工具，最終使仲永「泯然衆人矣」。究竟是什麼「傷」了仲永呢？其父的責任當然有，然那遠揚的小小的名氣不能不說也是其中重要的因素。

人該有信念，不可爲一時的名利所左右，因爲有了名便去「吃」名氣，「享受」名氣，這樣，有名氣人必終受名氣所「傷」，這樣的人終成不了氣候。

現代社會進入了商品社會，一切均可以上市買賣，包括「名」，一些人常掛嘴邊的「名人效應」便是明證，而爲了獲利專爲無名的人進行包裝，讓其成名，然後利用其名大賺其錢，更是音樂界、影視界文化掮客的拿手好戲。然而，人們務必要明曉，最終賺錢的是包裝者、商人，而不是被包裝者。

名氣僅是對人已有成就的承認，人要有所爲當不斷努力。名氣是別人加給的，它不能概括某個人的本質。一個過分在乎別人對自己評價的人往往十分看重自己的名氣，而且往往有些過頭，這實際上是一種自我失落的表現，是一種自信心不足的表現。偉大的人不把目光盯在自己的名聲上，他們總是把目光投向更高更遠的目標，他們在信念的指配下，孜孜以求，不斷努力。所以，偉人必是名人，名人卻未必能成爲偉人。

梁啓超早年成名，但他從名聲中獲得是力量和信心。他仍如飢似渴地勤奮學習，最終成爲一代鴻儒。曹操說：「夫英雄者，胸懷大志，腹有良謀，有包藏宇宙之機，吞吐天地之志者也。」只有食戀小利的人才會貪小名，只有胸無大志、鼠目寸光的人才會爲一丁點兒成功而沾沾自喜。但丁說：走自己的路，讓人們說去吧！長期以來人們把「讓人們說去吧」理解爲說閒言碎語，我們能否把話反過來問，如果人們說的是好話呢？人們說的是稱頌的話，你是否還能說一句：「走自己的路，讓人們說去吧」麼？

英雄與英雄崇拜

史界因果之劈頭一大問題，則英雄造時勢耶？時勢造英雄耶？換言之，則所謂「歷史為少數偉大人物之產兒」「英雄即歷史者」其說然耶否耶？羅素曾言：「一部世界史，試將其中十餘人抽出，恐局面或將全變。」此論吾儕不能不認為確含一部分真理。

歷史不外若干偉大人物集合而成。

——梁啟超《中國歷史研究法》

歷史常給人開這樣那樣的玩笑，而這玩笑又常常違背人的意願，讓人遭受更多的磨難。古人說：「觀今宜鑒古，無古不成今。」如何認識歷史實際上是如何認識今日的問題。歷史總是提醒著後人避免重複，而重複卻又是整個人類社會的主調。

英雄與偉人在歷史上處於什麼樣的地位？梁啓超是典型的持英雄史觀的學者，他認爲歷史是由英雄來創造的，沒有英雄，沒有偉人，便沒有人類社會。不管梁啓超的英雄史觀受到後人的如何臧否，但我們無疑的總生活於活躍著英雄的社會中，也許我們自身便是英雄，而希望成爲英雄更我們每個人內心潛在的意願。

什麼是英雄？

英雄與偉人的話題一度變得十分敏感，明明社會需要大量的英雄，卻不能說想成爲一個英雄，否則，一頂個人英雄主義的帽子便不期而至；明明不讓人成爲英雄，卻總號召人學習英雄、趕超英雄，而那些被學習的英雄不是不幸去世，就是壯烈犧牲，人們永遠看不到這些被學習的英雄的眞實形象。所以，這樣的英雄實際上是被高度理性化、概念化的抽象，是出於一種需要而倡導的生活方式和行爲準則。在這些英雄面前，所有個人化的東西顯得無足輕重，甚至被強行泯滅，而被學習的英雄本人所有個人化的東西被賦予了十分現實的意義。那種毫無個性地學英雄風氣，不僅讓人感到英雄本身的虛無，同時個人感到個體意識的被強行剝奪。而那些被樹立的英雄也遠非個性化，他們只是急功近利的某種理論主張及某種價值觀念的化身而已，缺乏普遍的意義。所以當某種理論主張過時，當人們的價值觀念發生變化時，這些英雄在人們的心目中便顯得十分輕渺。所以一些英雄在人們的心目中往往是不可靠的，也因此英雄總是不斷出現，而且每個英雄所表現的價值觀又是那樣具體和單一，他們在人們心目中的地位也總是那樣輕飄，缺乏撼動人魂魄的力量，到頭來，人們誰也不信了，只信自己，而自己又缺乏足夠的人格力量，所以「相信自己」並不是十分個性化的主體意識的體現，而是一種隨心所欲的妄想了。

所謂英雄，他們不僅在歷史上起著舉足輕重的作用，而且具有豐厚的人格修養，這人格修養是完全個性化的東西，具有超越時代的普遍的意義。「此等人得名之曰：『歷史的人格者』。何以謂之『歷史的人格者』?則以當時此地所演生之一群史實，此等人實爲主動——最少亦一部分人的主動——而其人面影之擴大，幾於掩覆其社會也。」（梁啓超《中國歷史研究法•第六章》）

在梁啓超看來，歷史的新舊交替均取決於英雄人物的「方寸之動」。英雄人物的思想、意志、方略、計畫、愛好均可以影響歷史的前進與倒退。英雄是那些有思想、有韜略、有膽識、有修養的人，他們博大精深，令人景仰，任何人、任何時代均可以從他們身上汲取人生的智慧和人格的力量，他們也許受著集團利益的局限，爲某個集團的利益著想太多，但揭開這一層，他們的智慧和撼人心魄的力量總是令人折服的。

卡萊爾把英雄分爲六類，他們是神靈英雄、先知英雄、詩人英雄、教士英雄、文人英雄、君王英雄。在他們的身體，閃耀的是人類的理性之光，他們不是爲了某種需要及爲了某種價值觀的倡導而硬性樹立起來，他們以他們自身的品格感染著人、召引著人，他們不再成爲某種行爲方式的注解，他們的品格和人性是相通的，具有永久性普遍意義。

人們面對英雄，不是交付出自己的個性，人們景仰英雄，是爲了更好地張揚個性而從英雄身上吸取力量與智慧，正如卡萊爾所說：「獲得漂亮的寓言、完美的詩的象徵，不是人們的需要。需要的是知道他們對「這個宇宙信仰什麼，他們在這個世界上應沿著什麼道路前進，在他們神祕的一生中應希望什麼和畏懼什麼，做什麼和避免什麼。」

從這個意義上來看，每個人都有遭遇英雄的欲望。

偶像

一八九〇年，對梁啓超來說，是他一生的重大轉折點。這年春天，梁啓超來到北京第一次參加會試，沒有考取，回到廣州繼續在學海堂求學。也許是歷史的巧合，這年八月，梁啓超的同學即康有爲的學生陳千秋在一次交談中，談到康有爲的學問及思想，陳千秋是這年三月拜師在康有爲門下的，對康有爲的政治思想、變法維新主張比較瞭解，這時，他已知道康有爲到北京上書變法未被理睬的事，聽說康有爲不久前從北京回到了廣州，便勸梁啓超與他一道去康有爲那裡。梁啓超正處於熱血青年時期，聽到陳千秋的介紹，激動萬分，迫不及待地要陳千秋趕快幫忙引見。這樣，兩位將活躍於中國政治舞台幾十年的儒學大師走到了一起。梁啓超一見康有爲，即做了拜門弟子。當時梁啓超因十六歲中舉且自以爲飽學了訓詁詞章學，頗有點沾沾自喜，見到康有爲，他慷慨陳述，顯得洋洋自得。誰知康有爲對他所學的舊學逐條加以批駁，使梁啓超十分驚訝，他未曾料及被世人推崇的學問在康有爲看來，簡直如同秕糠，他感到如同「冰水澆背，當頭一棒，一旦盡失其故壘」，或到「惘惘然不知所從事。且驚且喜，且怨且艾，且疑且懼。」回到學館，和陳千秋談到自己見到康有爲的感受，竟「竟夕不能寐」（《三十自述》）。

第二天，梁啓超再次去見康有爲，請教做學問的問題，康有爲談了自己的教學內容。他並非以當時通行的四書五經及陳腐的八股文爲內容，而是以孔孟之學、佛學、宋明理學爲主體，兼及史學和西洋學說，重點研究今文經學，對古文經學進行辯析批判。梁啓超當即決定拋棄舊學，回去退出學海堂，「而間日請業南海之門，生平知有學自茲始。」

康有爲學識淵博，每次講課，總是旁徵博引，兼舉西方例子，且分析透闢，卓有啓迪，使梁啓超佩服得五體投地，且引其爲自己的精神偶像，對康有爲的思想學說奉爲圭臬。他不僅系統而全面地接受了康有爲的改良主義學說，且受到康有爲思想品質的薰染，成爲康有爲最得意的弟子。

可以說，梁啓超一生的偶像即康有爲。

雖然，梁啓超後來受西方文化影響較深，他的改良思想已不完全和康有爲思想一致，並爲此師徒間產生過感情裂隙，雖然在對清帝的態度上梁啓超多次違背康有爲，對復辟帝制多方反對，但梁啓超對康有爲始終是欽佩甚至崇拜的，稱康有爲是「先時之人物」。在梁啓超那裡，所謂「先時之人物」即爲「社會之原動力」，他說：「先時人物者，造時勢之英雄也。」在《南海康先生傳》中，梁啓超給康有爲以極高的評價：「要之先生生平言論行事，雖非無多少之缺點，可以供人摭拾之而詆排之者；若其理想之宏遠照千載，其熱誠之深厚貫七札，其膽氣之雄偉橫一世，則並時之人，未見其比也。」「若夫他日有著二十世紀新中國史者，吾知其爲開卷第一頁，必稱述先生之精神事業，以爲社會原動力之所自始。」

歷史就是這樣巧合，簡直讓人感到一切均是先世的安排。梁啓超少年得志於科場，如果他沿著科場走下去也許會成爲科場狀元，然而他的歷史也就得重寫；如果他遇見康有爲卻對康有爲的學說不予理睬，情形恐怕又是另一番樣子。恰恰在他世界觀形成的關鍵時期，他遇到了康有爲，而一旦認師康有爲便對他推崇備至且目爲精神導師，並追隨一生，寫就自己改良的一生。

康有爲成了梁啓超心中的偶像，也就成就梁啓超的一生。偶像，實在是引領人走向人生之路的路燈。

梁啓超一生主張英雄創造歷史，他主張人們心目中都應該有個崇拜對象，都有個偶像。心中有了偶像，便有了思想言行的模仿對象，超越對象，偶像的行爲思想在實際上成了人的行爲準則。

偶像可以是一生的也可以是一時的，所以一個人，可以一生只有一個偶像，也可以有多個偶像。當人們的思想境界達到一定程度，當人們的認識提高到一定高度，也許原有的偶像便失色了，也許另一個人另一個歷史人物成了人們的偶像。心中存留一個偶像，實際上是在心中存留一個奮鬥目標，這個目標可能是物質的，也可能是精神上的。

所以，從某種程度上講，沒有康有爲即沒有梁啓超。

崇高感

有沒有人一生連一個偶像都沒有呢？偶像不僅可以是人還可以是思想，實際上，人們以某個人爲偶像，是以這個人身上所體現的內在氣韻、品格修養爲崇敬對象的。所以希特勒想稱霸全球，可謂自我膨脹得驚人，但他卻把尼采的言行奉爲圭臬，十分欽佩尼采學說。這便足以佐證：即便像希特勒這樣的人，同樣有偶像。

梁啓超說：從英雄人物那裏我們可以感受到許多豐富的東西。他以康有爲爲偶像，他從康有爲那裏汲取的不僅是他的改良思想，同時從他那裏汲取了一種思維方式，更從他那裏感受到人格修養對人生的意義及處世哲學等等。他認爲「大刀闊斧，開闢事業，此先生所最長也」，他說康有爲「實最冒險最好動之人也」。曾有兩個人在一起談起戊戌維新的事，甲說：康有爲也是個平常無奇的人，他所談的，我都可以談，他所做的，我也可以做。乙說，既然這樣，你爲何不去進行變法維新呢？甲回答說：太難了，成功的希望實在渺茫。乙說：知其難而爲之，這便是康有爲成爲康有爲的原因所在。梁啓超認爲這種評價「可謂知言」。同時梁啓超還認爲康有爲是「最富於自信力之人」，認爲「先生任事，不擇大小」，而「先生之達觀，眞不可及也」。諸如此類，都是言稱康有爲的內在品質，而正是這些內在品質，令梁啓超追隨一生。

偶像給人的是一種力量和內在的召喚，而不是冷冰冰的客觀形式。談到偶像我們總是談到偶像的內在品質，正如梁啓超談到康有爲，並不意在談康有爲的身高長相，而是談康有爲的追求，康有爲的學養及康有爲的內在精神。所以心中存留個偶像，便存留一份精神，對偶像的崇拜，在人們內心中喚起的是一種理性的力量，是一種莊重的崇高感，而崇高感是一種攝人心魄的理性精神。

這種崇高感和理性精神首先讓人深入思考人生存的根本意義，從而樹立遠大的人生理想。梁啓超見到康有爲並對其學術思想心悅誠服，便毅然拋棄舊學，並獻身於社會改良運動，受康有爲精神的感召，使他在改良之路上能百折不回，以尋求中國自救之路爲己任，最終成爲傑出的政治家。

崇高感和理性精神可以讓人嚴肅地對待人世。崇高感和理性精神本身就是一種對價值、意義的承認，它和流俗處於對立的立場。它對眞理持追求和認可的心態，而不是我行我素，它不是藉由消解意義從而讓人類生存於多元意識之中爲實，從而走向自我膨脹、目空一切。崇高感和理性精神讓人擺正人與眞理的關係，它讓人在眞理面前始終保持肅穆的態度，而不會使人產生「我即眞理」的荒謬念頭。

想到人生的意義和生存的價值，便會想到自己在社會中的地位和作用，自然會意識到自己身上肩負的歷史責任和社會使命，所以崇高感和理性精神讓人富有責任感，讓人想到自己對社會應有的貢獻。當梁啓超意識到自己肩負的改良社會的責任後，他便自覺地將自己的命運與國家的命運聯繫在一起，充當輿論界出色的宣傳家，並身體力行辦報寫文章，宣傳改良思想，在他身上體現出中國知識份子濟世救國的崇高精神。

經濟的發展往往以某種文明精神的失落爲代價，尤其是道德感的失落。這個道德感包括個體的和社會的。主流意識被消解了，人們的思想呈現多元化狀態，莊嚴的東西往往被輕鬆地嘲弄了，一切都走向市井，一切都走向大衆化，沒有崇高感，沒有對眞理和人格修養的追求精神，大家可以爲了一點蠅頭小利放棄自己的原則，人們不談偶像，不談崇拜，如果哪天非談不可，便狂妄地稱以自己爲偶像，自己崇拜自己，這便是世紀末精神失落症的集中表現。

有人說崇拜自己是個體意識覺醒的表現，其實這是對崇拜和個體意識的嚴重歪曲。崇拜包含著對一種價值觀的全身心的肯定，而崇拜自己實際上是對自己的徹頭徹尾的自戀，它的極至是一種冷冰冰的自私自利，它談不上崇高感和理性精神。

我總認爲人的生存價值建立在責任心和社會使命感基礎上，而責任心和社會使命感又必須以崇高感和理性精神爲支撐，只有這樣，才是有質量的人生。

讀點人物傳記

梁啓超既然主張歷史由偉人英雄創造，自然十分重視爲歷史上的英雄偉人立傳，他甚至認爲歷史都是由英雄們的主觀意識所決定。梁啓超在研究歷史中十分重視對歷史研究方法的探索，在具體的研究實踐中，他將歷史進行分類研究，認爲一部好的歷史，應包括五個方面，亦即治史應從五種專史入手，其中人的專史被梁啓超列爲首位，它們依次爲：人的專史，事的專史，文物的專史，地方的專史，時代的專史。在《中國歷史研究法》中，他用大量的篇幅較爲詳盡地論述了列傳、年譜、專傳、合傳、人表的撰寫，他認爲「自從太史公作《史記》，以本紀列傳爲主要部分，差不多占全書十分之七，而本紀列傳又以人爲主。以後二千餘年，歷史所謂正史，皆踵其例。老實講起來，正史就是以人爲主的歷史。」

在梁啓超看來，「一個人的性格與趣及其作事的步驟，皆與全部歷史有關。」因爲「歷史與旁的科學不同，是專門記載人類的活動的。一個人或一群人的偉大活動可以使歷史起很大變化。若把幾千年來，中外歷史上活動力最強的人抽去，歷史到底還是這樣與否，恐怕生問題了。」梁啓超不是爲治史而治史，雖然他曾鼓吹過「爲歷史而歷史」的無目的論，還竭力倡導過「求得公理公例之解決」的目的論，但最後他還是把研究歷史的目的歸結到「資鑒」上。在《中國歷史研究法》中他開宗明義地提出歷史研究的目的：「史者何?記述人類社會賡續活動之體相，校其總成績，求得其因果關係，以爲現代一般人活動之資鑒者也。」對人物專史的研究除了受其英雄歷史觀支配外，他認爲這種人物專史還可以幫助後人對自身品質的培養，促使後人對那個時代給予更清楚的認識。所以他強調指出：「每一時代中須尋出代表的人物，把種種有關的事變都歸納到他身上。一方面看時勢及環境如何影響到他的行爲，一方面看他的行爲又如何使時勢及環境變化。在政治上有大影響的人如此，在學術界開新發明的人亦然。先於各種學術中求出代表的人物，然後以人爲中心，把這個學問的過去未來及當時工作都歸納到本人身上。這種作法，有兩種好處：第一，可以拿著歷史主眼。歷史不外若干偉大人物集合而成。以人作標準，可以把所有的要點看得清清楚楚。第二，可以培養自己的人格。知道過去能造歷史的人物，素養如何，可以隨他學去，使志氣日益提高。」

梁啓超本人十分喜愛讀人物傳記。司馬遷的《史記》中的人物傳自不必說，對西方的《林肯傳》、《格蘭斯頓傳》及達魯奇的《英雄傳》等都有較深的研究。他本人也寫了許多人物傳，像《譚嗣同傳》、《康廣仁傳》、《南海先生傳》、《李鴻章》等都是傳誦甚廣的傳記名篇。

這些年，歷史偉人、英雄傳記成套出版，讀者讀著這些人物傳，從中感受到歷史的風雲變化，同時感受到人物的品質特點，也感受到這些人物在走向成功的過程中所歷經的艱辛滄桑，給人以強烈的藝術震動。

偉人和英雄的超人的智慧和品質往往是超時代、超歷史的。它們一旦成爲人們景仰的對象，這些智慧和品質就會化作現實的力量，起著巨大的現實意義。

正如梁啓超所說，讀人物專史可以更淸楚認識歷史本身，所以讀人物傳記同樣可以增強自己對歷史的認識，由此，人物傳記對社會、對後人也起著相當大的認識作用。別種專史對理論的描述往往是抽象的，理性成分很重，讓人不易親近，而透過讀人物傳記去認識歷史，有一種形象的親切感和形象的直觀性，顯得生動有活力。又由於寫人物傳記必須講究藝術性，而歷史上治人物專史者，也多把寫人物傳記當作文學創作來操作，所以讀點人物傳記，還可以獲取藝術的享受。

當然讀人物傳記最好講究一點方式方法，不能對文學性很強的傳記一味分作信史來讀。傳記既是文學，必然加入了作者許多想像的成分，再客觀的作者，在寫人物傳時必然要溶入自己的價值觀念和感情色彩，所以要眞正瞭解一個歷史人物，最好多讀幾本關於這個人物的傳，也許張三爲其作的傳和李四爲其作的傳有很大的出入。人物傳記對讀者的影響甚大，在歷史上起的作用越大的人物，他的傳記對後人的影響越大，所以後人在讀他們的傳時應愼之又愼。

超越英雄

崇拜英雄並非是一味地模仿英雄，並不是按照英雄的思維方式規劃自己的行爲，崇拜英雄的最終目的是豐富自己。在我國，談到偶像，談到崇拜便意味著對個性追求的放棄，誰成了偶像，誰就可以從根本上造就人們，所以在我國，要麼人們心中根本就沒有偶像，沒有崇拜對象，個體的思想行爲完全處於散文化狀態，要麼就以偶像爲最高法則，喪失掉自我完善的心理追求，最後導致他的思想言行「成於偶像，失於偶像」的結局。

梁啓超十分崇拜康有爲，但在評價康有爲時還是盡量站在客觀的立場，一針見血地指出康有爲的思想本質上是一種守舊思想。「先生爲進步主義之人，夫人而知之。雖然，彼又富於保守性質之人也。愛質最重，戀舊最切，故於古金石好之，古書籍好之，古器物好之，篤於故舊，厚於鄉情。其於中國思想界也，諄諄以保存國粹爲言。」梁啓超一生主張英雄創造歷史，他主張後人應多讀英雄傳記作品，但他不主張迷信英雄。他長期致力於對英雄的研究，發掘英雄產生的歷史文化背景，尋找潛存於英雄背後的更深的推動歷史前進的力量。梁啓超在研究中發現，英雄之所以成爲英雄，與他所處的時代及人文環境有著密切關係。他認爲「民族心理」和「社會心理」是歷史上英雄得以產生的重要原因，他把英雄稱爲「首出的人格者」，把與英雄相生相伴的群衆稱爲「群衆的人格者」。並認爲「所謂『首出的人格者』，表面上雖若一切史跡純爲彼一人或數人活動之結果，然不能謂無多數人的意識在其背後」。這樣，英雄在人們的意識中便不再神秘，人們崇拜英雄不能永遠匍匐在英雄的腳下，而丟掉自己的主觀意願，更不能放棄自己的個性。

英雄能夠成爲英雄，他們身上必然有與衆不同的東西，他們對社會的態度，他們的處世哲學，他們對內在的人格修養等等，均值得人們去細細研究。以某個英雄爲偶像就須認眞考察他成長的實踐歷程和心靈歷程，將其思想作爲自己思想行爲的指南，只有這樣，崇拜才變得有價值、有意義，只有這樣，才能學到英雄的精髓，並最終超越英雄。

超越英雄，並非是指一定要超過其學識和才幹，而是指對英雄作歷史的辯證的分析，英雄是時代的，但對後人的影響卻是超時代的，英雄的品質更帶有普遍的價值和意義。面對項羽，我們可以學習他那種破釜沉舟一往無前的膽識和勇氣，但是否凡事都要像他那樣不勝則亡？尼采宣揚超人哲學，宣揚權力意志，他心目中超人的意志和個性品質令人景仰，但是否每個人都要去作超人，又蔑視普天下的群衆？

其實，面對英雄，我們學的永遠只是他的一個或幾個方面。因爲，英雄不是萬能的。梁啓超在戊戌變法前，重複的基本上是康有爲的思想，他這時的思想被歷史學家們稱爲「梁啓超的康有爲時代」。流亡日本後，他受到孫中山革命派的影響，受到西方文化的影響，便跳出了康有爲的窠臼，有了自己的一套社會改良思想。但他對康有爲爲了奮鬥目標百折不撓的品質仍大加禮讚，梁啓超可以說達到了崇拜康有爲走向超越康有爲的精神高度。

作爲人，心中不能沒有英雄，沒有英雄就像航船沒有方向；但心中只有英雄而沒有自己，就如同航船只有方向而不前進。一個人，年歲越長，經歷越多，便有了自己的思想和追求。所以一個人，二十歲時心中的英雄，到三十歲時可能就不成其爲英雄了，也可能有了新的英雄，這是因爲人的思想境界提高了，目標便也隨著變動，這也說明這個人原崇拜對象並不具有深遠的永久性意義。所以一生有多個崇拜對象不如一生只有一個崇拜對象。選中一個崇拜對象，一生便有了行爲思想監督者，便有了相伴一生的價值尺度。

人乃理性之物，有了崇拜的偶像，便有了一生的精神支柱。

是鳥就該出頭

中國乃禮儀之邦，凡事均需要講究謙讓，個人英雄在中國歷來最遭嫉恨。所以「出頭的椽子先爛」、「槍打出頭鳥」在中國的傳播甚廣。這種思想的流傳和中國長期以來的安身立命的哲學有著密切聯繫。

當然從椽子和鳥兒的立場來談，椽子要想出頭，木質一定要比別的椽子木質好，鳥兒要先出頭，一定要比別的鳥兒更有智慧。實際上既然做了椽子就必然都爛，凡是在獵人監視下的鳥，不管什麼時候，不管誰先誰後，都有遭到槍擊的危險。既然同樣的命運，爲什麼不能迎難而上，也許可以脫離危險呢？這就有一個敢不敢爲天下先，敢不敢做英雄，能不能做英雄的問題。

首先要敢爲天下先，敢於做英雄。椽子出頭，受到的風雨會更大，但同樣可以接受陽光的普照，同時可以看到別的椽子不能看到的風光，可以增長自己的見識，豐富自己的品質，還可以觀察天相，遇到天陰下雨便可以及時告誡其他的椽子作出準備。鳥兒先出頭，首先可以偵察一下獵人的動靜，還可以鍛鍊自己的無畏精神，可以飛向藍天，飛向更廣闊的天地。

其次要善於做英雄，要能夠做英雄。既然想做英雄光有勇氣和膽識是不夠的，還有個自身能力的問題。椽子出頭本來遭受的風雨更大，如果質地還不如別的椽子，那麼就是做了出頭的椽子，時間不久必爛。鳥兒先出頭，遇到的危險會更大，如果奮飛能力與機警程度還不如別的鳥，那就必遭槍擊無疑。所以，要當英雄必須首先修煉自己的本事，只有本事比別人強了，成爲英雄方才無愧。

當然，作爲人，就應該成爲英雄。是椽子就應該出頭，是鳥也應該先出頭。巍巍一排房屋，可見的全是瓦片牆壁，似乎房子的所有權是它們，而椽子被埋於其間，自身的價值得不到表現，外界是什麼樣子也無法知曉，既然都是房屋的組成部分，爲什麼它們就不能爲人所知呢?何況任何事物有生必有滅，椽子在外在裡均要接受腐爛的命運，既然都要消亡，爲什麼不在有生之年活出色彩，活出輝煌?而作爲林中之鳥，既然被追入林中，一隻隻棲息在樹枝間，不能動也不敢叫，最終還是要被獵人追捕，爲什麼不振翅高飛，痛快地翺翔一番，鳴唱一番呢?也許，椽子就受風吹日曬會更耐風雨，鳥兒經過冒險會闖出一線生機。

同時，既然當了出頭的椽子就不必害怕先爛後爛，作了出頭的鳥兒，就不要憐惜生命的存在與否。人，不應只追求長命百歲，但也應希望轟轟烈烈。

自薦時不必謙虛

有這樣一則故事，說是五十年代初，中國派了許多青年學人到蘇聯去學習，在一次作試驗時，蘇聯專家要求中國青年動手獨立完成，一位青年卻堅決不作，說沒做過這樣的試驗，怕做不好等等。蘇聯專家本來就是爲了訓練這位青年人的動手操作能力才讓他獨自完成試驗的。青年人不動手，蘇聯專家顯得很不高興，堅持要他獨立完成。這位青年做完後蘇聯專家來檢查，發現試驗做得非常成功，便說：你會做爲什麼說不會做呢？這位青年說：我那是謙虛，這是我們中國人的美德。蘇聯專家不禁笑了起來：「會做就是會做，爲什麼非要謙虛呢？」

這樣的事發生在幾十年前當然不會惹出更多的麻煩，但要發生在現在，尤其在某些特定場合就十分糟糕了。

在我們這個禮治文化深厚的國度，人人怕當英雄，而人治體制又不允許別人當英雄，明明可以做什麼事，但別人問起時，不能說會做，否則別人就說你不謙虛，你可以很委婉地說：「學過一點，不是很熟練。」當然你也不要說你完全不會，說完全不會，別人又會認爲你能力不行，甚至認爲你是個白痴。

然而事物總是不斷發展變化的，現在是商品社會，是個事事需要競爭的社會，你若什麼都不會，你便失去在社會上立足的本領。既有競爭，就不能縮頭縮腦。相反的，英雄主義在當今社會應唱出主調，不能不具備爭做英雄的志趣。

目前各地都有人才交流市場，主要是爲各方面的人才和用人單位提供見面的機會，以利於雙向選擇。人才要選擇用人單位，必須對用人單位有個較全面的瞭解，用人單位要選擇人才，也必須對人才有個較詳實的摸底。首先當然是人才自薦，就是這種自薦，往往讓學業平庸的人進了理想的單位，而讓那些優秀人才進了不理想的單位，問題就出在自薦上。

有的人在自薦時過分謙虛，本來他會某種業務，他卻說：「不太勝任，但在公司培養下想必能力可以得到提高的。」用人單位便眞以爲這個人能力較差，缺乏敢闖敢拼的精神，便謝絕接受。而有的人，你問他會做什麼，他都說會——反正不會當場測試——用人單位認為他可以打開局面，便錄用了，這便是目前許多單位在考核人才時感覺良好，錄用後卻令單位頭痛的主要原因。

自信當然要有，但不能吹牛；同時，謙虛也不能說壞，但不能失度，尤其在自薦時，應該是多一點自信，既然在社會大潮之中，就應該有弄潮的勇氣，大膽自薦，這樣，不僅可以讓用人單位知道你有紮實的專業知識，同時具有一定的心理素質和一定的社會實踐經驗。

中庸謙讓使我們許多年輕人失去了朝氣，失去了膽識，怕這怕那。我們不能光知道崇拜英雄而沒有做英雄的心理，每個人都應有英雄的氣質，不為禮節所束縛，這也是一種素質，是一種人格品質。青年學生從開始找工作就應培養自己。孟子說：「吾善養吾浩然之氣」。英雄豪氣也是可以培養的。不要因為謙虛禮讓等限制了自己，怕這怕那，如若這樣，那無疑是一種不健全的人生。

自我表現與自我實現

有才智、有思想，在某方面又有專門的知識，但卻不表現出來，這些能力也無法發揮作用，自身價值也無法爲人所知。

少年梁啓超居家讀書，家中來客欲知其才，梁啓超大膽和客人對詩，可謂少年老成，亦可稱是大膽的自我表現。考秀才的途中，衆書生之中梁啓超還算幼童，但他語驚四座，壓倒群芳，有「神童」之譽，這亦是良好的自我表現。

自我表現在實際上是一種自我價值檢驗的方式，梁啓超和康有爲第一次見面，不暢談自己的學識和志趣，便無法知道自己所學的膚淺無用，梁啓超在戊戌政變前後不寫下大量的政論，便無法確知他自己有那樣系統的政治改良措施。

自我表現還可以培養自己的自信力。柳宗元筆下的〈黔驢技窮〉是大家熟知的，說是貴州沒有驢子，有個商人用船裝了一頭驢子到貴州，一時派不上用場，商人只好把驢子放在山上，讓他自由蹓躂。有一天山上來了一隻老虎，老虎沒見過驢子，一看這龐然大物不禁嚇得扭頭就跑，第二天老虎按捺不住好奇心，並過去故意撩撥牠，「稍邁益狎，蕩倚沖冒，驢不勝怒，蹄之。虎因喜，計之曰：『技止此耳』。因跳踉大㘎，斷其喉，盡其肉，乃去。」如果老虎總是「蔽林間窺之」就永遠不知道驢子的底細，自然也永遠沒有戰勝驢子的信心，老虎透過接觸，透過實踐，透過自我表現，知道驢子的本領究竟如何，漸漸增強了戰勝驢子的自信力，並對驢子不屑一顧，認爲其「技止此耳」。自我表現可以增強戰勝困難的勇氣和信心，是成功的基礎。

也許有人以楊修的悲劇來反對自我表現，認爲如果楊修謙虛一點，少一點張揚，也許他就不會被曹操所殺。其實這正是因爲在楊修的周圍缺乏自我表現的大環境之緣故，同時與國人長期以來壓制自我表現的心理定勢有關。在中國，人人想當英雄但又壓制別人當英雄，而另一部分人怕遭到壓制，於是就斂聲屏息，不敢自我表現。如果楊修所處的時代是讓人充分自我表現的時代，曹操也便不會嫉賢妒能了，反而會認爲楊修的言行十分正常，正是因爲楊修所處的時代沒有自我表現的風氣，也沒有允許別人自我表現的社會心態，楊修才不爲曹操所容。實際上，即使曹操不殺楊修，楊修仍會爲同僚的嫉恨所「殺」。

所以，自我表現不存在應不應該的問題，而相反的，我們應造就自我表現的自然環境和人文環境。

當然即使在不利於自我表現得以充分實現的環境中，自我表現在招致無聊人的嫉妒時（對此不必理會）也會爲你引來許多眞正的脾性相投的朋友。諸葛亮可謂山中一狂人，但他的朋友卻正是看中他的「狂」才樂於和他在一塊兒吟詩拂琴，縱論天下，而且以此結交了不少天下英傑。他們在一起互相切磋，共同提高，過著別有洞天的生活。可以說，中國古代的文人，無論是入仕者，還是「隱」者，均是世上狂狷之人，無不具備強烈的自我表現欲，然而他們活得眞實活得本色，雖然有的因自我表現而遭不幸，比如司馬遷極力爲李陵講情而受宮刑，但他們的人生仍呈放著奪目的異彩，用一句十分通俗的說法，他們的人生雖有坎坷，但終不枉活得有價值。

崇拜英雄落到實處，便是爲了自我價值的實現，所以，既爲人，就該大膽地自我表現。

識時務者為俊傑

世界潮流不可拂逆，凡一切頑迷復古之思想，根本不容存在於今日。強欲逆流而溯，絕無成績，徒種惡因。

——梁啟超《五年來之教訓》

無論是造勢英雄、應勢英雄，還是凡夫俗子，都不是生活在與世隔絕的眞空裡，而是生活在實實在在的現實生活中。既然生活於現實中，就不能不和現實中的人事打交道，於是人與環境的問題對人來說就顯得十分重要。

在海德格哲學裡，有兩個極爲重要的概念，即「環境」與「世界」。在他看來，人的「世界」純粹是個人化的，是屬於人個體的，是屬於自己的，而「環境」是環繞於人周圍的人與事，它包括非個人化的行爲準則和價值觀念，在人類生存過程中，「環境」試圖滲透入「世界」，而「世界」又極力抵制「環境」的侵入，人便在這夾縫中尋找自己最佳的生存（海德格的生存是詩性的）方式。用海德格的話說，就是「詩性的棲居」。所以海德格反覆申明：人們啊！你們千萬別把我和你們搞混了。又說：人啊！你千萬別把你自己和別人搞混了。

梁啓超的一生和中國近現代幾十年政治風雲、文化風雲緊密相聯，他同樣處在時世不斷更替的大環境中，然而他「善變」，他的改良思想亦在不斷發展，但他對那些喪失良知的「變」又深惡痛絕，所以如同海德格，梁啓超同樣主張個性的始終如一，即便「變」，也是順應民心、順應時代的「變」。

人，實際上永遠處於變動不居中，處於變動不居的現實中，處於變動不居的心理發展中。

人，最佳的生存狀態是心境與環境的和諧統一，但是，人，畢竟不是被動的，人的心境有著自身的發展規律，人心境的變化和外界環境的變化永遠不可能處在同一水平線上，兩者之間，需要人的不斷調整，方能接近一致。

人要學會生存，便須學會自我調節。

出爾反爾爲小人

梁啓超既然認爲「凡在天地之間者莫不變」，這個變當然也指人自身，他認爲人也應隨著世界的發展變化而發展變化，戊戌變法失敗後，他對改良社會的認識發生了很大的變化，並自稱是「不惜以今日之我與昨日之我戰」。但他對袁世凱的反覆變節行爲卻十分憤慨。

早在戊戌變法臨危之時，康有爲、梁啓超把希望寄託在掌有兵權的袁世凱身上，甚至把自己的生死和光緒皇帝的安危押給袁世凱，虛僞奸詐的袁世凱也曾在譚嗣同面前拍胸起誓，支持康、梁的變法維新，但譚嗣同一走，他便把維新派的全部秘密洩露給頑固派，變法維新就此宣告失敗。當袁世凱竊取了辛亥革命果實登上臨時大總統寶座後，梁啓超以爲袁世凱有志於君主立憲並進而走向共和，感到改良社會的大好時機到來了，便不計前嫌，應袁世凱多方固請從日本回到中國。梁啓超原以爲依靠袁世凱可以達到改良社會促進中國進步的目的，殊料袁世凱的本意不在國家與民族，而是自己能否當上皇帝。他請梁啓超回國幫他理國事，是因爲梁啓超有深厚的忠清思想，以爲梁啓超可以支持他復辟帝制。當梁啓超發現袁世凱救國是假，當皇帝是眞時，他先是「慷慨陳辭、聲淚俱下，對袁世凱進行椎心泣血的勸告」，希望袁世凱能夠「回心轉意，停止帝制活動」。

一九一五年初，袁世凱的長子袁定可在湯山宴請梁啓超，當時袁世凱的親信楊度也在場，袁定可逐條陳述共和的缺點，詢問梁啓超對變更國體恢復帝制有什麼看法，久經政治風雲的梁啓超敏感到袁世凱想作皇帝，當即表示，帝制已不適應中國了。從此，梁啓超「知禍將作，乃移家天津」，他以省親爲名，南下廣州，後又到南京動員馮國璋到北京勸袁放棄帝制，梁、馮見到袁世凱後，袁世凱竟再次拍胸頓足「矢誓不肯為帝」。馮、梁信以為眞，各自安心地回家，誰知袁世凱不改初衷，暗地裡加緊準備。七月，恢復帝制的籌安會成立。他們想拉梁啓超參加籌安會，「當湯覺頓、蹇念益帶著楊度的委託到天津見梁啓超時，他們看到的是梁的大文〈異哉所謂國體問題者〉，帶回的是梁給楊度的絕交信。」袁世凱知悉後趕忙以二十萬巨款作條件，要梁放棄發表這篇文章，梁斷然拒絕，但他仍給袁世凱留著懸崖勒馬的後路，就推遲發表。袁世凱並不因此放棄帝制，梁啓超無奈，終於發表該文，痛斥帝制對中國的毒害。由此，梁啓超便義無反顧地由擁袁走上反袁的道路，並多方籌劃，率自己的學生蔡鍔等軍人起兵反袁，進行舉世矚目的「護國戰爭」。

梁啓超對袁世凱出爾反爾、反覆無常的奸詐的小人作風極為痛恨，寫下了〈袁政府偽造民意密電書後〉，〈袁世凱之解剖〉等文抨擊袁世凱。他認為「袁氏一生，其言與行，無一不相違，其心與口，無一而相應。彼袁氏蓋天下古今第一愛說謊且善說謊之人也」，袁世凱「以前清托孤之大臣而盜賣前清，以民國服務之公僕而盜竊民國」，「以總統為未足，則覬覦皇帝。若皇帝做不成，則又將謀保總統。險詐反覆，卑劣無恥，一至此極。」梁啓超指出：「袁氏誠不失爲一大人物，然只能謂之中世紀史黑暗時代東方式之怪魔的人物，而絕非在十九、二十世紀中有價值的人物。」

人應該隨世事變化而變化，但不是不要是非觀，不講道德。人應該具有始終如一的責任心和道德感，人的變化應走向自我完善，人變化的目的是爲了更好地適應社會，更好地爲社會奉獻個性化的東西。

所以，「變」不是投機取巧陽奉陰違，更不是耍兩面派玩小聰明。梁啓超由維護清帝到反對清帝復辟，由擁護袁世凱到反對袁世凱，由積極投奔孫中山到不理解孫中山的革命理論，並進而反對革命，但他的改良社會尋求中國富強的壯志未變，他至誠的愛國心沒變。他的思想每發生一點變化，都是對其改良主張的完善，而不是營私鑽營。

反覆小人在現實生活中最遭痛恨，這樣的人對出賣自己的靈魂都不惜代價，何況出賣朋友。但最終都落得個衆叛親離、孤獨寂寥的下場。

識時務者爲俊傑，並非是說讓人變節，並非讓人放棄原則，而是說順應時勢，調整自己的關係，但「萬變不離其宗」，人的良知卻是不能變不能丟的。

善變之豪傑

人不能拘泥陳規，但也不能反覆無常，出爾反爾，而應善變，善變方能成豪傑。

梁啓超本人即善變，他在〈善變之豪傑〉一文中，談到日本的吉田松蔭，說吉田松蔭先是主張王室和幕府合二為一，後來又主張尊王室而討伐幕府，這並非是誰上台就討誰的好，而是為了國家的獨立主權，目的是不引起戰爭，不破壞和平，後來他發現王室腐敗之極，便又起而反之。前後變化很大，但都是因為愛國，所以不能稱為變節。梁啓超引《論語》中的話說：「君子之過也，如日月之食焉，人皆見之；及其更也，人皆仰之」，認為「大丈夫行事磊磊落落，行吾心之所志，必求至而後已焉。若夫其方法，隨時與境而變，又隨吾腦識之發達而變。百變不離其宗，但有所宗，斯變而非變也。此乃所之磊磊落落也」。

所以在梁啓超看來，變的只是方式方法，而不是「志」，不是人的思想，人可以改變處世方法，但絕不能改變處世哲學和處世態度。變的目的是爲了更好更快不受干擾地接近自己的奮鬥目標。

《韓非子》中有則〈鄭人買履〉的寓言：「鄭人有欲買履者，先自度其足，而置之其坐。至之市，而忘操之，乃曰：『吾忘持度』。反歸取之。及反，市罷，遂不得履。」這則故事常用來諷喻那些不知變通死搬教條的人。其實鄭人也不是愚到不可救藥，他去買鞋，可以親自去，也可以量個樣子請別人代買，這說明他爲了買雙鞋這個根本目的，還知道變換一下方式，只可惜他就到此爲止，自己到了鞋市卻因忘了拿尺碼而折回，不知道這時變通一下用自己的腳量。拿著尺碼請人代購或者自己親自去用腳量，只是個方法問題，買到鞋才是目的。

所以「變」的目的是爲了更好地達到原目標，並不是放棄自己的理想與志趣。

梁啓超原來想用說理的辦法來讓頑固派放棄舊制，支持君主立憲，後來發現和頑固派談變法無疑是白費口舌，便用「武裝勤王」的辦法打擊頑固派，這均是「變」，是變換手法以期早達目的。

善變作爲一種處世方法，給人博得無限的發展機會。善變就是審時度勢，尋找適合自己發展的最佳時機和最佳環境，同時，善變亦可以改變自己的心境，使自己心情愉快地走在通向成功的路途。

以屈求伸

《淮南子》記載春秋末年晉國的六卿之一趙簡子的故事，談到他臨終要立趙無恤爲繼承人，有位叫董閼的臣僚認爲歷來都是長子繼位，而趙無恤並非長子，爲何反而得立？趙簡子回答他說：「是爲人也，能爲社稷忍羞。」原來趙簡子認爲趙無恤能顧全大局，不會爲一時與人爭長短，爲了國家自己能做到忍辱負重。「異日，知伯與襄子飲，而批襄子之首。大夫請殺之。襄子曰：『先君之立我也，曰：『能爲社稷忍羞』，豈曰能刺人哉？』處十月，知伯圍襄子於晉陽。襄子疏隊而擊之，大敗知伯，破其首以爲飲器。」知伯是晉國的另一個大臣，他生性傲慢，目空一切，聽不得半點不同意見，且粗魯無禮，在和趙無恤的一次宴飲時竟出口傷人，並動手打了襄子（趙無恤之字）一個耳光。諸臣按捺不住怒火，要把知伯殺掉。襄子以大局爲重，不想以報一時怨憤而引起晉國大卿間內訌。沒想到知伯狂妄到興兵圍趙索要領地的地步，這不僅引起趙晉卿的憤怒，同時也引起晉的魏、韓二卿的不滿，他們聯合起來，終於滅掉知伯，並將知伯的顱骨做成酒器，犒勞三軍。

趙無恤不是不想稱霸諸侯，而是怕別的卿相起而滅之，對知伯的狂妄自大，趙無恤也不是不想予以反擊，只是時候未到，如果他不委屈求全穩住知伯，而是與知伯鬧翻，便無法引起韓、魏的同情，不會引來韓、魏的援軍並從而將知伯滅掉。這便是典型的以屈求伸。

以屈求伸的歷史故事很多，像臥薪嘗膽的越王勾踐，受胯下之辱的韓信等等，他們爲了圖大志，不在力量懸殊的情況下硬碰硬，而是「留得青山在，不怕沒柴燒」。

當然，以屈求伸畢竟不利於人的健康成長，爲求生存耗費了人們太多的心智。所以我們還是應造就人才自由成長的環境，讓人才在自由的空氣中盡力發揮自己的長處，對待有才華的人，我們不必壓制也不必嫉妒，因爲嫉妒是沒有任何意義的。而作爲有才華有能力的人，要敢於自我表現，同時也要尊重他人，須知世界上未知的東西太多，須知「聞道有先後，術業有專攻」，在知識的海洋裏，我們都是無知的人。

這令我又想到〈曹劌論戰〉這則典故。曹劌作爲一介布衣，因爲有著超人的膽識，竟主動前去自我介紹，而魯莊公並不認爲曹劌狂妄自大，而是積極採納曹劌的意見，並邀曹劌和自己同乘一輛戰車，給曹劌提供施展才華的機會。曹劌並未以屈求伸，主要有伸的人文環境。

以屈求伸實乃環境所逼，而既有這樣的環境，爲了遠大志向，以屈求伸也算得識時務爲俊傑。

順應潮流

辛亥革命勝利後，前清皇帝已宣佈退位，張勳、康有爲、勞乃宣、宋育仁等一批前清遺老，卻一直沒有停止恢復帝制復辟清室的策劃，可謂逆歷史潮流而行。一九一六年三月，梁啓超離開上海到廣西，梁啓超派人向康有爲辭行，當時梁啓超正積極籌劃反對袁世凱稱帝的活動，康有爲便讓來人轉告梁啓超，希望梁啓超藉著反袁的機會扶宣統皇帝復位，梁啓超聽後沉默不語，表示自己不贊成清室復位。後來康有爲爲清室復辟四處活動，引起了梁啓超的極大不滿，無奈之下，梁啓超再也顧不得恩師的面情，公開發表〈辟復辟論〉以示立場，文中他痛斥康有爲說：「吾既驚其顏之厚，而轉不測其居心之何等也」，並堅決地宣稱，「國體不許變更，乃國民一致之決心，豈有不許袁賊，獨許他人之理？」「如有再爲復辟之說者，繼堯等即視爲蔑棄《約法》之公敵，罪狀與袁賊同，討之與袁賊等。」

梁啓超的言行，可謂順應歷史潮流，順歷史潮流而進。歷史潮流是一種強大的社會力量，任何個人想和歷史潮流進行較量，是注定要失敗的。

王國維是近現代之交的傑出的文藝理論家，他的文藝思想受席勒、叔本華、柏格森的影響很深，然而他恰恰認不清歷史潮流，由同情進步順應歷史漸漸走向保守，甚至主張清室復辟，但歷史的發展不是以個人的意志爲轉移，他只好走上絕路投湖自盡。王國維有著超人的才華，他的去世是他個人的損失，也是學術界的損失。這便是逆歷史潮流而動造成的個人悲劇和學術悲劇。

逆歷史潮流而行，實際上是人爲地造成個人和社會、個人發展和歷史發展之間的矛盾，使自己一直處在外界的壓力之下，這就爲自己設置了許多前進的障礙，而這樣逆流而行，在心理上也造成一種壓力，讓自己總是處在一種煩燥的心境中，這樣，人生之路就顯得漫長而苦澀，所有的奮鬥也就成了毫無價值的東西。

逆歷史潮流而行，所想、所做均是被歷史所拋卻的東西，既被歷史拋卻，便無追求之必要。如同長袍、馬褂、辮子、叩拜禮，它們構成一種文化，而這種文化目前只能進博物館，只能作爲文化研究之用，你硬想今天拿出來付諸生活實踐，不僅不可能，而且會令人感到滑稽好笑。

順應歷史潮流，在社會歷史的需要中選擇自己的人生奮鬥目標，實際上是尋找自己成長的最佳環境，尋找自己生活的良性處所。而且在這樣的心態下生存、工作，無疑有許多適應你生存、工作的條件，更易促使人走向成功。

順應潮流當然不是投機取巧，我們提倡認識歷史、順應歷史並非是鼓勵人去投機鑽營。爲了個人的私利去鑽營，甚至見風轉舵，在這種人的思想上談不上對歷史的認識，他們的生活永遠是肉體的，他們不可能有精神的東西，更談不上爲人類、爲歷史奉獻自己的崇高精神。

九斤老太的悲劇

在魯迅的小說《風波》中，有一個叫九斤老太的人物，她對所有的新生事物一概看不慣，年齡七十九歲，但早已因看不慣世道而厭世，「一代不如一代，我活到七十九歲了，活夠了」是她經常掛在嘴邊的一句話。九斤老太自從慶祝了五十大壽以後，便漸漸地變得不平，「常說伊年輕的時候，天氣沒有現在這般熱，豆子也沒有現在這般硬，總之現在的時世是不對了。」九斤老太是個典型的思想保守者，對任何社會的變革均看不慣，她總是用陳舊的價值標準來衡量當時的一切，她身體弱了，卻說是太陽太大天氣太熱，自己的牙齒不行了，卻認爲是豆子變硬了。她從自己的感受中得出的全是今不如昔，新不如舊的觀念，和現實格格不入。

以九斤老太那樣的年齡和認識得到今不如昔的觀念其實也並不奇怪，像九斤老太那樣的人也並不少見。

社會越發展，人類文明的積累越深厚，人們觀念的更替就會越快，而年紀大的人思想觀念跟不上，便不足爲奇了。交際舞本是年輕人、中年人也包括老年人的娛樂形式，可是就有些年紀大的人認爲那是傷風敗俗。人們的穿著由原來的適用向美觀的方向發展，各式各樣的服裝層出不窮，卻被有些老年人認爲那是奇裝異服。

然而歷史總要朝前發展，人的觀念也在不斷更新，許多思想保守的人看不慣現實生活，漸漸的，神情憂鬱，這實際上是跟自己過不去。九斤老太的嘮叨，年輕人並不給予理睬，她只能在哀聲嘆氣中折磨著自己。

梁啓超說：「老年人常思既往，少年人常思將來。惟思既往也故生留戀心，惟思將來也故生希望心；惟留戀也故保守，惟希望也故進取；惟保守也故永舊，惟進取也故日新。」梁啓超對老年人爲什麼趨於保守，年輕人爲什麼傾向進步的原因分析得十分精當，也由此，老年人知道了自己保守性格形成的原因，便可以有意識地改變自己，多想想將來，多想想年輕人所作所爲有價值的地方。而要克服戀舊心態就必須對自己和年輕人有一個比較詳盡透徹的瞭解。我們不妨再引幾句梁啓超的分析，在《少年中國說》中，梁啓超對老年人守舊、年輕人愛創新的原因作了深入解釋，「惟思既往也，事事皆其所已經者，故惟知照例；惟思將來也，事事皆其所未經者，故常敢破格」，「老年人常厭事，少年人常喜事。惟厭事也，故常覺一切事無可爲者；惟好事也，故常覺一切事無不可爲者。」所以老年人要跟上形勢，就得像年輕人那樣，對世事保持好奇心和熱情，而且遇事多變換些角度去認識，盡力和時代思潮拉近距離。

老年人和年輕人多接近實際上可以改善自身的心境，順應思潮，勇於接納年輕人同時也可以使自己年輕起來，所以生活中的老頑童最值得年輕人敬重。

欲速則不達

《韓非子•喻老》中有則故事，說戰國時的趙襄子跟隨王子期學駕車，沒幾天就自以爲掌握了駕車技術，提出跟王子期比試比試；王子期知道趙襄子雖掌握了駕車技術，但還不瞭解馬的習性，但他無法和趙襄子解釋，只得硬著頭皮和他比賽。他們剛來到平原上，趙襄子就把馬打得飛奔。但他先後換了三次馬，都比不過王子期，他的馬車總是遠遠地落在王子期的馬車後面。趙襄子勃然大怒，把王子期叫到跟前，責問他爲何不把駕車的全部技術教給他。

王子期抱屈地說：我已將我所知道的全教給你了。趙襄子便問他：爲什麼我的車總跑不過你的車？

王子期微笑答道：我把駕車技術全部教給了你，但沒讓你一次性把技術全部用完。而你「用之則過也」。他解釋說，駕車都有個規矩，首先要根據馬的具體情況，套上車轅，要寬緊合適，以馬感到舒服爲原則；同時駕車的人要沉住氣，不可操之過急。駕車的過程中要時時注意觀察馬在奔跑中出現的情況，這樣才能跑得快，跑得遠。而你呢？一開始就讓馬死奔，跑在前面，怕我趕上你，落到後面又拼命想追上我，根本不看馬的情況，使勁鞭打，怎麼能駕好車呢？兩人比賽，總有先後，你卻一心爭先，全不顧馬的死活，「此君之所以後也」。

俗話說，欲速則不達，趙襄子只顧爭先，而不顧馬的情況，在慌慌張張中，駕車技術也未必能得到應有的發揮，所以趙襄子必然落後。

戊戌變法失敗後，梁啓超等人感到頑固派之所以能夠得勝，維新派之所以落得流亡的命運，主要是頑固派手中有兵權，而他們寄予希望的袁世凱又大耍兩面派手法，致使維新派血濺京城，所以梁啓超流亡日本後，便積極籌劃武裝起兵，想來一次「武裝勤王」。

一九〇〇年春天，梁啓超在東京開會設宴，宴後唐才常等人將回國籌劃起義之事。這次籌劃，也得到孫中山的支持。但梁啓超等人錯誤地估計了形式，他雖然不斷地來往於檀香山、美國和上海、東京等地籌集資金，宣傳起義，但是軍事力量和經費仍十分有限。而梁啓超過於自信，竟認爲「有五、六成力量，便可當十成使用」。結果，因籌集的軍費不夠，一再延期，起義不能按計畫發動，張之洞偵悉此事，維新志士再次流血，其中也包括唐才常在內的著名的「庚子六君子」。

梁啓超、康有爲他們策劃發動的庚子之役，像趙襄子學御，同樣是一次欲速則不達的行為，他們想用「武裝勤王」的辦法來鏟除頑固勢力，可謂順應時勢，可謂識時務者，所以也得到孫中山的大力稱讚，但他們的力量十分有限，而不等到力量積聚到一定程度就倉促行事，不啻是一種純粹的「揠苗助長」。就是梁啓超自己也不能不承認，發動庚子之役「眞乃背水陣，眞乃八十老翁過危橋」。

萬事不可走極端

韓愈寫過一篇著名的文章叫〈馬說〉，文中說：「世有伯樂，然後有千里馬。」伯樂是古代有名的相馬專家，善長鑑別馬的好壞。他年老的時候，他的兒子想把相馬的技術繼承下來，以免伯樂的技術失傳，伯樂就把自己寫的《相馬經》交給他，讓他讀熟背熟。《相馬經》裡說：「千里馬的額頭隆起，雙眼突出，蹄如壘起的酒藥餅。」不久伯樂的兒子拿著《相馬經》開始尋找千里馬，每見一馬，就打開《相馬經》，對照書上繪的千里馬的圖形，結果，找到了一隻癩蛤蟆，回來對伯樂說：「按照《相馬經》上繪的圖形總算找到了一匹馬，額頭和雙眼同書上說的差不多，就是蹄子不像壘起的酒藥餅。」

伯樂聽了哭笑不得，看了兒子帶回的「千里馬」忍不住說：「你找的倒還符合書上的要求，但這匹馬太會跳，恐怕你駕馭不了哩！」

伯樂之子愚不可及是顯然的了，他愚就愚在死搬書本，走了極端。不聯繫實際只按書本中的片言隻語，把書背得再熟，也只能是紙上談兵。

生活中走極端的例子很多，諸如「鑽死牛角尖」、「頑固不化」，大凡都是指走極端。愛走極端同樣是不識時務，同樣是不按規律辦事，不從實際出發。

現代中國的文化大變革是白話的興起，章士釗他們對白話文極力反對，百般嘲弄，自然是違反文化發展規律，不識時務的。但劉半農、瞿秋白等激進份子主張乾脆廢除漢語，採用國際上通用的拼音文字，也是走極端。梁啓超說：「後人作文，若說定要把『此』改作『斯』才算古雅，固然可笑；若說『斯』字必不許用，又安有此理？」他認爲文言白話夾雜使用，用得好的，也應允許，無論用文言還是用白話，首先要能充分地表達自己的思想，其次要讓別人懂得，要照顧讀者的閱讀習慣與文化水準。只有這樣，才不至於有偏廢走極端。

對中國社會的變革，梁啓超主張，中國肯定不能走皇室家天下的路，但也不能冒進，因爲中國封建統治時間太長，不能從保守復辟的極端走向激進的極端，他主張用漸進的方式對社會進行慢慢改良，以期國民素質的提高。梁啓超的思想，對我們今天認識歷史不無啓迪。

走極端的人往往缺乏全面的觀念，往往只見樹木不見森林，抓住一點不顧其餘。伯樂的兒子學習《相馬經》只在枝節上下功夫，而且過於相信書本知識，既不從整體上觀察馬的特性，又不從具體的實踐中多觀察多實踐，結果「按圖索驥」索回了一隻癩蛤蟆，這則故事記在《藝林伐山》中傳至後人，但人們仍常常犯下伯樂之子一樣的錯誤。要防止走極端的錯誤，就得有全面的觀念，遇事先從整體上進行考察，得到一個宏觀的綜合認識後，再像「解剖麻雀」那樣作局部的研究，全面的綜合認識是爲局部研究打下基礎，對局部的認眞深入的研究是爲了更好地認識對象的整體。

對一個人的認識亦當如是，說壞便一無是處，說好便十全十美，這同樣是走極端的認識方法。

不可強人所難

康有爲在廣州長興里設萬木草堂是在一八九一年，那年孫中山十五歲，孫中山對康有爲也早有所聞。當時康有爲因宣揚變法維新等思想在中國知識界已很有些名聲。一八九三年，孫中山在香港行醫，他很想結識康有爲，便託朋友向康有爲表明結識的意願。康有爲向來以當代孔子自居，知識份子階層也早有人稱他爲「康聖人」。他宣揚維新變法，而孫中山當時也想投身社會變革，只是思想還較爲朦朧，但康有爲認爲孫中山來結識他是想和他稱兄道弟，康有爲也絕不允許知識份子中有一個和他一樣平起平坐的人存在。於是他向孫中山提出一個結交的條件：「具門生帖子，拜他爲師。」孫中山對康有爲的妄自尊大表示極大的憤慨，斷然拒絕。就這樣，儘管康有爲、孫中山都活躍在中國近代的政治舞台上，但他們卻一生未曾會面。

康有爲要孫中山拜他爲師，並以此作爲結交的條件，實在是強人所難。當時拜師，不像今天，老師成了十分流行十分通俗的稱呼，老師和弟子之間的學術紐帶和情感紐帶若有若無，那時卻不然，你拜某某爲師，得完全贊同他的思想理論主張，在情感上也實實在在是「一日爲師，終生爲父」。所以康有爲強行要孫中山拜他爲師，實乃狂妄自大，不識時務。

利欲薰心必自斃

梁啓超由支持袁世凱，到苦口婆心勸說袁世凱不要逆「歷史潮流」恢復帝制，到揮淚反袁，並積極籌措護國戰爭，梁啓超受到的精神、思想打擊是沉重的。他認爲袁世凱一意孤行，是因爲他忽視人民的力量，忽視他人的存在，而以自己的私利爲重，以謀取私利爲目的，這是他必敗的重要原因。

袁世凱稱帝的時代正是民主意識普遍覺醒的時代，但袁世凱卻不顧普天下的要求，多方玩弄權術，用瞞和騙的手法復辟帝制，終落得個「自斃」的下場。

官場上，只要想營私利，必須藉助權術，亦即梁啓超所說的，「夫身任國事者，而誠能純以國家之利害爲本位，則必無所藉於權術；凡用權術者，必其有私利害之見存者也。」

所以「私」是權術產生的根源，而「私」又是人所必須保留的東西，合法的「私」當然是允許的，但將所有的東西據爲「私」有，就違反了公約法規。用限制「私」有財產的辦法無法消除權術，必須運用相應的法規制度。

然而「人之不可以欺而天之不可以狎」（梁啓超語），任何違背人民意圖的行爲都是不識時務的，都是注定要失敗的，袁世凱的失敗可謂極好的例證。

現在以權謀私損人利己的事比比皆是，但任何人的正當利益都是神聖不可侵犯的，哪一天被損害者起來了，以權謀私者及損人利己者的下場便可想而知。實際上以權謀私損人利己的行爲是一種有損人的尊嚴的行爲，總以爲別人不知道，總以爲自己比別人聰明，殊不知「聰明反被聰明誤」，任何冒犯他人尊嚴的人在本質上是一種不尊重自己的表現，在實際的生活上必將受到衆人的譴責和唾棄。

眞正識時務的人，應該時刻把自己和廣大群衆融合在一起，尊重他人，以他人利益爲重，不應該貪圖私利，更不能爲了私利而玩弄權術，否則，群衆不答應，他本人生活在擔驚受怕中，害怕哪一天被他人揭穿，這樣的人生是孤寂恐懼而無聊的人生。

中庸的意義

在很多情況下，我們總被前輩告誡：要穩重，別過於張揚，這和儒家的「中庸之道」在本質上是一脈相承的。這說明，中庸在生活中有多麼大的作用！

在我們周圍，有老中青三代人。年輕人，正如梁啓超所說的那樣「如春前之草」，最能適應社會潮流，甚至製造社會潮流。他們思維敏捷，喜愛新生事物，同時多喜冒險，面對世事，他們只嫌發展太慢不嫌發展太快，他們是促進社會發展的主要力量。

而老年人，「如秋後之柳」，他們看重經驗，對新生事物，他們多抱觀望之態度，他們求穩妥、求保險，辦一件事，沒有相當的把握他們不會輕易付諸實踐。對不理解的事物，他們缺乏理解的熱情，更缺乏嘗試的打算，對世事，他們不求其快，只求成功，更不會去冒進。他們對世界的進步起著相當大的作用，因為他們擁有豐富的社會經驗和人生經驗，但他們的許多思想日趨保守，在相當大的程度上滯緩著社會的發展速度。

是否是年輕人的思想觀念在社會發展過程中就沒有負作用呢？有的。如同開車，年輕人總想不顧一切地快開，老年人出於安全考慮只想要安全到達即可。然而，年輕人貪快卻不計安全容易翻車，老年人只想到安全，對車速過於保守又會耽誤時間。人們常說，翻車的司機多是開車技術很好的司機，被水淹死的大凡都是會游泳的，正是這個道理；而對老年人，人們也有類似的說法，比如「一朝被蛇咬，十年怕草繩」之類。

那麼什麼人能做到既保持了車速又保證安全呢？我以爲是那些既有相當的社會閱歷和生活經驗又保持一定的激進思想的中年人，而中年人處世又最懂中庸的意義。

《孟子》記載了一個宋國人拔苗助長的故事。宋國人「閔其苗之不長而揠之」，秧苗生長有它自己的規律，這個宋人竟嫌它長得太慢一棵一棵地將其拔高，回到家還自我誇耀地說自己讓秧苗長高了好幾寸，他的兒子聽後趕快跑到田邊看，秧苗全都槁枯了。許多年輕人思想行事恰似這個宋人，急於求成而致違反客觀規律的地步。另一則寓言〈守株待兔〉卻正說明了另一個道理。一隻兔子在一棵樹下撞死，有位農夫便不再種田，天天守而待兔，因爲種田有遇天災的可能，用獵槍去打又不保險，都沒有待在樹下等來得安全穩妥，而這種「安全穩妥」卻導致了這位農夫不思進取，田中無收成。

過於激進就會產生欲速則不達的後果，過於保守又會導致阻滯社會發展進程的結局，所以必須有一種力量來平衡這兩極的關係，這種力量就是中庸。

生活中要保證做事有效果且安全穩妥，就要在中庸思想的指導下正、反兩方面多思考，當你想增加做事進度時便想想是否會出現不良後果，當你的想法趨於保守時，你就自問一下這樣做是否太慢，總之，凡事須求「多快好省」。

人生與藝術

我想，文學是人生最高尚的嗜好，無論何時，總要積極提倡的。即使沒有人提倡他，他也不會滅絕。不惟如此，你就想禁遏他，也禁遏不來。因為稍有點子的文化的國民，就有這種嗜好；文化越高，這種嗜好便越重。

——梁啟超《〈晚清兩大家詩抄〉題辭》

梁啓超不僅是傑出的政治家和社會活動家，也是傑出的作家、詩人和文藝理論家，他對中國近現代文學尤其是詩歌和小說的發展貢獻尤大，他的文藝理論主張成爲「五四」新文學運動的先導。他極力倡導「小說界革命」和「詩界革命」，近代小說和詩歌的繁榮，與他的大力提倡和推動是分不開的。

梁啓超本人也寫了大量的詩歌，且有「相當高的成就」，形成了「自己獨具的藝術特色」。諸如《讀陸放翁集》、《東歸感懷》、《自題新中國未來記》、《志未酬》等都是著名的詞章。他以他自己的詩歌創作實踐自己的理論主張。

但梁啓超的詩歌理論、小說理論最爲動人之處是他對文學與人生關係的闡釋與主張。瞭解這些論述將使我們更有效地瞭解藝術的眞諦，更深地體味藝術於人生的意義。

藝術與人生修養

生活離不開藝術，因爲生活離不開美。

人類最高意義的享受是藝術享受。因爲唯有藝術的享受才能讓人暫時忘卻世間的煩惱，讓人回到純粹的精神境界之中。

藝術源自生活，同時又反過來豐富生活，藝術是人類高尚的精神產物，同時又成爲造就人高尚情操的精神依據。梁啓超說：「欲新人心，欲新人格，必新小說。何以故？小說有不可思議之力支配人道故。」其實何止小說，所有的只要能眞正稱得上藝術的藝術品種，都能夠「新人格」、「新人心」。

梁啓超對小說的論述實際上體現了他的藝術觀。人類之所以喜愛藝術喜愛小說，是因爲人生活在塵世之間，卻並不以物質的生活爲滿足，而人類所歷經的事物和時間又十分有限與短促，人們總想瞭解到更爲廣闊的世界，獲得更豐富的精神體驗，藝術品恰能滿足人類的這一需求，譬如小說，「常導人遊於他境界，而交換其常觸常受之空氣也」（梁啓超語）。同時，人生活於現實生活中，爲生計而忙，對身邊的變化及萬物的興衰未必能靜下心來細細咀嚼，而當你一旦沉入某種藝術境界，便獲得一種別樣的感受。所以，藝術是現實的對應物，它是人類精神得以棲居的充滿人生佳趣的港灣。

人生活於世，要實現自我完善，必須具備多方面的能力，具備多方面的知識和技能，其中藝術修養便是人類極爲重要的修養。如前所述，人具有了藝術修養，便享有了一份精神享受，沉入了一種精神境界，使人多了份生活的內容。當人有了相當的精神境界，便自然提高著人對物質世界與精神世界的認識，使自己的善惡觀、價值觀、倫理道德觀逐漸個性化，並進而形成自己對世界的獨特認識。

梁啓超本人十分注重提高自己的藝術修養，並由此形成了自己獨特的人格。梁啓超對中國古典文學有很深的研究，他編過《晚清兩大家詩抄》，寫過《中國韻文裡頭所表現的情感》以及《情聖杜甫》等。他在《情聖杜甫》中談到杜甫的詩及人格，認爲後人研究杜甫，當培養自己的眞性情，對他的不向權貴屈服、在逆境中前行的品格尤要細細體味，同時杜甫的詩寫景狀物均能扣人心弦，其詩給人以強烈的藝術美的享受，所以「主張人生藝術觀的人」應該讀杜甫，「主張唯美藝術觀的人」也非讀他不可。梁啓超從杜甫詩中獲得的不僅是藝術的感受，同時也爲杜甫的眞情與同情人民疾苦的思想品格所感染，梁啓超由杜甫的詩學習到杜甫的許多優秀品質，這無疑讓梁啓超的人格修養增加了分量。

藝術是現實的反映，它必然記錄了人類許多美好的東西，我們沉入其中，讓我們的心靈得以淨化，受到感染。孔子說，聽美妙的音樂使自己三年不知肉味，便是稱道藝術的巨大魅力。

我個人的經驗是在心煩意亂的時候，回到書房，把門關好，一個人靜靜地啜著清茶讀一段明清的尺牘小品，或看一看蒙田的隨筆，即產生迥然不同的精神世界。在藝術的空間裏暢遊，會使人變得高雅。

超凡必須脫俗

《紅樓夢》中有個人物叫妙玉，自小多病，爲了活命，聽從和尙指引出家爲尼，過著與世隔絕的生活，按說該算超凡了，然而她念念不忘「富貴」二字，把玩古珍並以此傲人，終不免顯得俗氣，此謂超凡卻不脫俗。清代的朱錫綬在《幽夢續影》中說：「余有三恨，一恨山僧多俗，二恨盛暑多蠅，三恨時文多套。」而櫳翠庵中的妙玉正是那種多俗的「山僧」。

「超凡」即超脫塵世中凡夫之輩，這一種高雅的生活，氣質、修養、交遊、愛好以及處世的方式、態度、價值觀念均與衆不同；然而，有些人自命不凡，不願與衆人爲伍，卻不見「有鴻儒」與之「談笑」，整天患得患失，計較名利，工於心機，隨波逐流，見利忘義。明代的洪應明在他的《菜根談》中說：「作人要脫俗，不可存一矯俗之心。」所以，超凡必須脫俗，不可裝出超凡脫俗的腔調，卻一肚子的經濟庸俗之帳。

深入藝術世界，與外界喧囂的塵世隔開，原本是超凡的舉動，而中國文學，正如梁啓超引述蔣百里的話那樣：中國文人總是自命淸高，對於人生實在的生活，總懷著一種悲觀的態度，似乎「世俗」二字和「文學」是天然的死對頭。過於悲觀固不可取，但說「世俗」和「文學」構成天然的敵對關係倒在一定程度上道出了文學乃至整個藝術的本質。然而，整天想以文學藝術作爲敲門磚，滿腦子金銀富貴，是難以眞正領受藝術的眞諦的，所以，欣賞藝術、閱讀文學作品亦不能沾染世俗功利目的，不能脫俗即不能超凡，不可能有一種心靈的純粹寧靜，不可能眞正領略藝術的佳趣。

妙玉「欲潔未曾潔，云空未必空」，獨坐禪床孤守青燈，卻心懷高潔，在櫳翠庵周圍種滿寒梅以喻自己的高潔與傲世，既想到高潔與傲世就明證著妙玉對「禪」尚未悟透，心中並不空，加之她對寶玉心懷兒女情長，足以說明她終是個俗人。

想超凡，想作個雅士，彈彈鋼琴、聽聽音樂或寫幾句散文及吟幾句詩，卻以此爲自己博取點名聲，其實這並不是超凡，只是想以「超凡」之態博「脫俗」美名而已，這種人其實最爲俗氣，所以不鄙棄庸俗之氣而言超凡之雅，最終只是句騙人的空話。

眞正的脫俗即摒除現實的功利觀念。藝術所以能存於人間，就是因爲它體現了人類對自由的追求，正如高爾泰所說：美是自由的象徵，藝術是人類施展自由天性的境界。在這裏，不必掩飾什麼，沒有人給你作價值評判，沒有人分析你思想的動機等等，只要表達了你的眞感情、眞性情，你便開始接近藝術的本質。

讀一部小說，既不能掙來溫飽，也不能解決生活中的難題，但可以讓人獲得一種精神的放鬆，得到一種美的享受。所以藝術在本質上雖無法幫助人解決現實生存問題，但它改變著人的精神，增加著人和現實的距離。因此，可以說，藝術就是促使人超凡脫俗的精神存在。那些整天言說要超凡脫俗而不增強自己的藝術修養的人，就根本不知道什麼是超凡脫俗，所以，在一定程度上，超凡脫俗的程度即取決於一個人的藝術修養程度。

物質可以滿足人的生活需求，藝術可以感受到活著的意義，所以藝術本身就促使人走向超凡脫俗之人生境界。

文人多情

凡天下之事，歸根結柢，俱有一個「情」字。待人接物，父子之間，兄弟手足，夫妻朋友，均由「情」字相聯。藝術感染人的最終途徑亦即「情」字。體味不出藝術中的情感，便永遠也感受不到藝術的眞正魅力，而若想作個文人，創作藝術作品，沒有充沛的感情，如同想在枯井中汲水那樣，絕不可能。人們想作個藝術家，想寫些感人的作品，首先必須要知道積累，這幾乎已成爲常識，而這個積累便包括生活積累和情感積累。藝術家有了情才能使作品充滿情，讀者才能從作品中感受到情。所以梁啓超說：「藝術家認淸楚自己的地位，就該知道：最要緊的工夫，是要修養自己的情感，極力往高潔純摯的方面，向上提絜，向裡體驗，自己腔子裡那一團優美的情感養足了，再用美妙的技術把他表現出來，這才不辱沒了藝術的價值。」

所有成功的藝術家均有細膩而澎湃的激情。當年郭沫若漂洋過海，在日本求學，對祖國的思念之情時時讓他不能平靜。那天他到日本福岡圖書館看書，想用《地球，我的母親》來寫首詩，念頭一閃，萬般情緒湧上心頭，便奔出圖書館，脫下木屐，赤著腳在館後僻靜的石子路上踱來踱去，後來乾脆倒在路上睡下，「想眞切地和『地球母親』親暱，去感觸她的皮膚，受她的擁抱」，郭沫若在感情的巔峰急跑回寓所，把腦中閃出的詩句匆匆寫在紙上，這就是後來著名的《地球，我的母親》。郭沫若的長詩〈鳳凰涅槃〉「是在一天之中分兩個時期寫出來的」，當時他同樣受到一股激情的衝撞，甚至有點情不自禁，「上半天在學校課堂裡聽講的時候，突然有詩意襲來，便在抄本上東鱗西爪地寫出了那詩的前半。在晚上行將就寢的時候，詩的後半的意趣又襲來了，伏在枕頭上用著鉛筆只是火速的寫，全身有點作寒作冷，連牙關都在打戰。」郭沫若完全被感情驅使了，而

〈鳳凰涅槃〉也就給人強烈的情緒衝擊，讀了這首長詩，你會感到周身充滿了力量，甚至平添一股從未有過的自信，這就是藝術的魅力。

藝術家要從生活中取材，不細緻觀察世界不細心體味人世冷暖是不可能的，這樣長期的積累，自然就形成一種習慣，形成一種用感情去觀察世界的藝術視角，外界在他們眼裡都有感情都有韻味，所以不多情的人當不了藝術家，而成爲藝術家的人必多情。

梁啓超談文學，很重視文學中的情感因素，他曾在清華大學講演，題目即是〈中國韻文裡頭所表現的情感〉。他分析了文學作品中表達情感的各種方法，而他研究杜甫更是專注在一個「情」字，他演講杜甫時，乾脆把自己的演講題目叫「情聖杜甫」，歷史上只有稱杜甫爲「詩聖」，稱杜甫爲「情聖」的人，梁啓超算是第一個。在他看來，寫詩即寫情，沒情何謂詩？所以他認爲稱杜甫爲「情聖」，更能說明杜甫的詩歌成就。

這也難怪，既然文人多情，其作品亦必多情自是無疑。

培養美的情感

感情是人類最神聖的東西。人們常說，力量的征服遠不如心理征服，而心理征服在本質上即是感情的征服。

劉備當年三顧茅廬請諸葛亮出山，張飛多有怨言，甚至說要放把火燒了茅屋，劉備想劫諸葛亮下山也十分容易，但他只想用感情來感化他。最後諸葛亮深受感動，爲恢復漢室鞠躬盡粹死而後已，此即感情的力量。

梁啓超說：「天下最神聖的莫過於情感：用理解來引導人，頂多能叫人知道那件事應該做，那件事怎樣做法，卻被引導的人到底去做不去做，沒有什麼關係；有時所知的越發多，所做的倒越發少，用情感來激發人，好像磁力吸鐵一般，有多大分量的磁，便引多大分量的鐵，絲毫容不得躲閃，所以情感這樣東西，可以說是一種催眠術，是人類一切動作的原動力。」

梁啓超在談到情感作用時，他把情感看作人的一種本能，指出這種人類本能的東西卻有超本能的力量，「情感的性質是現在的，但他的力量，能引人到超現在的境界。」

嚴格說來，情感不是天生的，孟子所說的「人之初，性本善」與荀子所說的「人之初，性本惡」均是一種獨斷。情感是可以培養的，而人之初的情感又完全靠後天環境，所以，「情感的作用固然是神聖，但他的本質不能說他都是善的都是美的；他也有很惡的方面，他也有很醜的方面。」「好起來好得可愛，壞起來也壞得可怕。」由此，梁啓超十分強調情感教育，透過情感教育，培養自己善的情感美的情感，「古來大宗教家大教育家，都最注意情感的陶養，老實說，是把情感教育放在第一位。」梁啓超認為，「情感教育的目的，不外將情感善的美的方面盡量發揮，把那惡的醜的方面漸漸壓伏淘汰下去。」

那麼如何進行情感教育呢？梁啓超認為「情感教育最大的利器，就是藝術：音樂、美術、文學這三件法寶，把『情感秘密』的鎖匙都掌握住了。」

所以，培養美的情感的途徑即提高自己的藝術素養。不同的作家有不同的感情表達方式，讀不同作家的作品就會受到不同的感情薰陶。讀郭沫若的詩，你會受到作者的浪漫詩情的感染，郭沫若的情感如大江怒潮，狂放奔騰，讀他的詩你會感到一股股激情直往上湧，你會感到人類自身的偉大，你會產生一種戰勝天下艱難險阻的勇氣和力量。讀徐志摩的詩，你會產生一種寧靜淡雅的感覺，如果說，讀郭沫若的詩會使你想到夏天的熱烈和冬天寒冷的刺骨，那麼讀徐志摩的詩，你便會想到春風的和煦和秋天的明媚，你會感到心如平湖而纖塵不染。讀魯迅的小說你將學會恨，讀蒙田的隨筆你將學會愛，讀惠特曼的詩你會激越奔放乃至狂熱，讀泰戈爾的詩你會懂得和諧的意義。

聽音樂也是這樣，貝多芬的曲子令人感到生命之短促，韶光之流逝，而聽巴哈的曲子令人回味人生的美趣。

研究文學的人都知道，一個作家的藝術風格，在作品中所表現的感情類別，與他所喜愛的藝術作品有關，與他所受到的作家作品影響有關，這實際上也是個情感培養的問題。魯迅尤其喜歡魏晉文人的風度與骨氣，他們那種不與惡俗同流合污的錚錚之鐵骨深深地影響了魯迅，他曾多次談到嵇康，幾次欲寫《嵇康傳》而未動筆，幾次蒐集整理《嵇康集》，由此他學會了愛與恨，學會了操守氣節，以致後來被評價爲「骨頭最硬」的文人。

文人多情，其實愛好藝術的人無不感情豐富細膩，這當然是受文人作品的影響，亦即受文人影響之故。

當然文藝作品也有爲迎合接受者的低級趣味而營造出惡和醜的情感的，色情便是首當其衝的醜的惡的情感，嚴格來說，這些「藝術品」宣揚的不是情感，而是純生物性的「欲望」。人有人自身的弱點，包括人性的弱點，有些作者正抓住了人的弱點大作文章，並進一步煽動人的這些弱點，這是一種十分惡毒的犯罪念頭。所以，我們在閱讀文學作品、聽音樂、看電視及電影時，一定要「擇其善者而從之」，否則，不僅不能陶冶自己的情操，反而會違背人性接受非人的價值觀念。

所以培養自己美的情感，不僅是普通人的事情，藝術家更應培養自己健康的情感觀念，因爲「藝術家的責任很重，爲功爲罪，間不容髮」（梁啓超語）。

含蓄與美

我們欣賞一朵花，總認爲含苞待放或剛綻花蕾者爲上品，而對怒放的鮮花不免生出幾分可惜，這是因爲含而未露和含而欲露的花更能給人以豐富的聯想，更能讓人生出幾分眷戀，亦即更能給人以美感的緣故。

我們品嘗一道茶，多認爲幽香色淡者爲最佳，而對那種紅到泛黑，綠到泛烏的茶色，對那種濃到衝鼻的茶香，卻認爲其質平平，因爲已過分了，難以給人回味咂磨的餘韻，而幽香色淡總給人以餘味，似乎茶的含量非常充足，不慢慢細品，便無法感受茶所蘊蓄之味。

這是含蓄的魅力，含蓄給人以不盡的品評餘地，含蓄本身便是一種美。

中國書法講究「藏」，中國文學講究「含而不露」，而中國人講究謙虛，崇尚矜持，這均是對含蓄之美的認同。我國傳統文藝評論，講究「味中之味」，而要使藝術品具有味中之味，則必須有含蓄的技法。

梁啓超談文學的表情法時，單列一節專講「含蓄蘊藉的表情法」，並說這種表情法，「向來批評家認爲文學正宗」，或者可以說「是中華民族特性的最眞表現」。年輕人讀文學作品，多喜讀直抒胸臆之作；中年人讀文學作品，多喜讀敘事說理兼融之作，因爲中年人已少了許多浮躁氣，多了些人生的感受，故想在藝術中找尋人生的佳味及做人的道理；而老年人最喜藏而不露之作，人間滄桑老年人已經歷甚多，他們只想邊讀書邊咀嚼，像老牛吃草，喜愛細細琢磨。

在生活中，那些矜持沉著穩重之人往往贏得良好的人緣，而那些鋒芒畢露而又張狂的人往往招人討嫌，原因即在矜持的人懂得含蓄的魅力，張狂的人不懂含蓄爲何物之緣故。俗話說「沉默是金」，因爲一個人沉默不語，你自然感到他深刻，而鋒芒畢露的人總讓人一眼看穿，無遮無掩。其實，對那些沉默不語的人也不必一味保持一種神秘感，許多沉默不語的人實際上非常無能。但會利用「含蓄」之魅力的人與物未必果眞是美。也正因此，有些心底坦蕩正直熱情的人往往遭到誤解，這些人不懂含蓄之美，他們身上也的確缺乏含蓄之美，但他們不造作、不矯情、不虛飾，在他們身上有一種十分可貴的眞實美。

含蓄美的實質是一種神秘美，因其含而不露或半含半露，故給人許多神秘的感覺，激發著人瞭解遮閉部分的欲望，而遮閉部分恰恰又是目不能及手不能觸之部位，這便讓人產生許多想像，而想像的東西總比現實的東西要完善，要令人滿意，於是人便產生一種餘味不盡的美感。藝術必須講含蓄，不知「藏」的藝術家不是好的藝術家，藝術家「把情感收斂到十足，微微發放點出來；藏著不發放的還有許多，但發放出來的，確實全部的靈影，所以神妙」（梁啓超語）。然而，作人講不講含蓄倒是不必深究的。對人而言，含蓄是一種美，直率也是一種美，而不必認爲含蓄之人有魅力，直率之人缺乏魅力。

不僅如此，含蓄與美的關係還有一定的限度，藝術過於講含蓄，必導致晦澀，甚至把藝術品作成沒人能懂的天書；而人過於含蓄，必導致性格內向，性格內向多會引發憂慮症，讓人無以領略人生的佳味。

所以無論藝術還是人，含蓄均應有度，有度的含蓄方能是美。

增強想像力

藝術以含蓄爲美，是因爲含蓄爲人提供了遼闊的想像空間。想像力是人的聰明才智的重要體現，而人在童年，想像力幾乎成了人智力如何的價值尺度。

想像的世界總是十全十美的世界，人在想像世界裡暢遊是人的價值得以實現的最充分的形式。沒有想像便沒有樂趣，沒有想像便沒有生活的希望。人在想像一個場景、一種人際關係時，總把自己的理想融入其中，所以想像的世界是人類理想的世界。

缺乏想像的人一定是極其乏味的人，也一定是愚弱不健全的人，或是心如死灰的人，一言以蔽之曰：缺乏想像的人是不幸的人。

想像既是人的能力體現，那麼能力即有大有小，有些人的想像力豐富多彩而奇詭怪誕，有的人想像力又極其單薄而缺乏創新。同時，人的想像力並非與生俱來，而是後天培養的。人的想像力的高下富貧與他所處的環境所受的學養有著必然的聯繫。

藝術修養在一定程度上即可認爲是一個人想像力的貧富程度，所以增強藝術修養便可以培養我們的想像力。

徐志摩說：年輕人是寫詩的年齡。他是著眼於年輕人多夢愛想像這樣的特點而說的。年輕人多愛李白的詩，李白的詩貴在有豐富大膽的想像，讀李白的詩，對我們開闊思路、敞揚胸襟大有裨益，他帶著我們天上地下人間鬼神天堂地獄到處暢遊，極大地豐富了我們的認知範圍，所以梁啓超對李白的詩極爲稱道。

要增強自己的想像力，可以多讀些浪漫派作品。梁啓超說：「浪漫派文學，總是想像力愈豐富愈奇詭便愈見精彩」，並認爲李太白的詩精彩之處亦可貴之處正在於此。而浪漫派藝術之所以有誘人的魅力，也正在於其特色「在用想像力構造境界」。

梁啓超對中國浪漫派文學很有研究，主張年輕人應在此多下些功夫，因爲它是對人的情感的一種極度的誇張和虛擬，是對世界的再創造，其創造的世界是純精神的，而對這個世界的創造是全憑想像的。正如梁啓超在談到李長吉的詩時所認爲的那樣，李長吉固然也講究詩的字句形式，「但他的特別技能不僅在字句的錘鍊，實在想像力的錘鍊。」

增強自己的想像力不僅利於提高我們的藝術修養，還可以改變我們固有的思維模式。梁啓超認爲豐富大膽甚至怪誕的想像，「替詩界作一種解放」，其實，想像何止爲詩界開闢了一塊「新國土」，也改變著人的思維視界，改變著人的行爲方式乃至世界觀。因爲想像要打破既成的思維模式，它的特點即是「奇」、「怪」，既奇既怪，即不合常規。長期經受這樣的藝術薰陶，人自然就會變得心胸開闊，思想解放。所以熱愛浪漫藝術的人多思維敏捷熱情奔放。這種人在生活中及工作中多能銳意進取，多能大膽設想，敢做敢爲，而且往往成爲生活的強者。

才氣與匠氣

大多數木匠打製家具，體現出的多是一種匠氣，他們不知道打製家具既是一種體力勞動，同時也是一種藝術創造，在家具的身上體現著木工的藝術素養和文化素養，可惜現在很多家具絲毫體現不出這樣的東西。

明清家具爲什麼會引起世界的普遍關注？爲什麼目前會掀起蒐集明清家具的世界性熱潮？爲什麼現在街頭商場又出現大批的仿明清家具？這是因爲明清家具體現了那個時代的木工的天才創造，洋溢著一股空靈的藝術質感，也因此，它構成一種文化，一種藝術，成爲後人蒐集模仿的對象。而那些後世的仿製者肯願意下功夫去領悟其中的才情與藝術嗎？從那些蹩腳的仿製品看，除了照抄照搬的簡單複製外，根本沒有明清家具那種靈動之美，至多讓人獲得一種匠氣的感覺。

萬物貴在創新，唯「新」方顯「才」，唯新便見才氣，照葫蘆畫瓢，透露的是一種缺乏主體意識的匠氣，而匠氣與才氣無緣。新式家具流行了，而唯有當初的設計者方顯出些許的才情，其餘的工匠依樣製作，越做越有規矩，最終陷入「規矩」之中而不知創造的快樂。

梁啓超主張萬物皆應變，當然主張萬物皆宜新，唯新方能顯見人的創造性，方見才氣。

所謂才氣，即創新能力，包括對人世的看法，處事的能力，當然也包括想像是否新穎等等。而匠氣即指照樣製作的能力，才氣指精神思維主觀意識方面，匠氣指實際操作模仿方面。木工依樣做家具、房舍，泥磚匠依樣砌磚造高樓大廈，而能有創意地設計家具、房屋卻得憑藉精神的創造，所以木匠遍天下，而魯班只有一個；泥瓦匠滿街轉，而設計師卻要四處覓找。

梁啓超是不主張爲文人立作文之規的，因爲文貴創新，創作既是純個人的事，便應有自己的特點。但對中學生作文，讓他們立意高遠，意境空靈顯然又不合實際，所以依然要講究「作文法」，但也不能因此而不向學生講明白作文貴在創新而不在遵守成法，而只有不守成法有創意的文章方顯作者的才情。所以梁啓超在《中學以上作文教學法》中，在談作文方法時首先聲明：規矩不能見出天才，規矩可以靠學習，而文章作得好不好不是可以教出來的。他引述孟子的「能與人規矩，不能使人巧」來說明作文教學法的運用範圍，指出教學只能讓人知規矩而不能使人巧，「文章作得好不好，屬於巧拙問題；巧拙關乎天才，不是可以教得來的。」而「規矩是可以教可以學的」，這就像評價一個人的作文時常用的話那樣，我們可以說某某的文章辭采飛揚、才華橫溢，可以說某某的文章總落俗套、匠氣十足等等。怎樣作文可以靠閱讀、靠模仿學會，怎樣把文章寫得有思想、寫得優美雅緻，卻關涉到才氣。我們平常說：文筆可以練，但思想的深度靠單純的練是練不出來的，它關涉到人的思想、修養、人格結構等更深層的內容。

當然匠氣和才氣不是截然相離的。有了匠氣便掌握了技巧，透過自身的思想提高和知識修養的提高，同樣可以把文章寫得才華橫溢。梁啓超說：「我不敢說，懂了規矩之後便會巧；然而敢說懂了規矩之後，便有巧的可能性。又敢說不懂規矩的人，絕對不會巧；無規矩的，絕對不算巧。」由此可見，匠氣和才氣處於兩個不同的層次，匠氣是基礎，才氣是匠氣的昇華和揚棄。匠氣是純粹操作的結果，而才氣卻是一種境界。

讀一點外國文學

魯迅在家鄉紹興時讀的全是五經四書，到江南水師學堂讀書才接觸到西方的民主和科學思想，由此打開了他封閉的思維空間，這便是異域文化對人的影響。

梁啓超早年全盤接受康有爲思想，後來流亡日本，接觸到大量的西方經濟、政治、金融方面的書籍，受到極大的影響，他的改良思想和康有爲的思想就有許多不同，發展到後來，他們在復辟清帝問題上持截然相反的觀點，這也是西方文化深入影響的結果。

要提高藝術修養，開闊藝術視野，同樣必須讀點外國文學作品。梁啓超在《〈晚清兩大家詩抄〉題辭》中說：「文學是無國界的，研究文學，自然不當限於本國。」

其實對描寫不同於本地風俗習慣的作品，多讀一些可以開闊我們的視野。孔子本來是魯國人，後來遊歷到周，搜覓到國家級寶書一百多部，而這些書對孔子瞭解周禮起著關鍵性作用，並從而有了他「克己復禮」主張的肇始。如果他老是待在魯國而不遊歷到周，到周而不讀周之典籍，恐亦無法瞭解周之歷史與文化。

讀外國文學作品首先可以擴大我們的知識面。文學是生活的反映，而生活便包含著各種習俗和文化，我們透過對外國文學作品的閱讀，可以瞭解到西方的現代文明。讀中國文學作品我們多能瞭解到中國的倫理文化和考據詞章等學問，而讀外國文學作品則可以瞭解到他們發達的自然科學，以及自然科學的成果在現代生活中的運用，這一點在梁啓超的《西學書目表》中有較爲詳盡的闡述。

讀外國文學作品可以感受到西方人的價值觀和對世界的看法。外國人因有自己的生活方式和行爲方式，便形成了不同於東方人的價值崇尚和審美傾向，閱讀外國文學作品便會受到潛移默化的影響。五四新文化運動時期，國人思想意識的大解放與大量翻譯西方文學作品是分不開的，例如，魯迅受到日本文學理論家廚川百村的影響，梁實秋受到白壁德的影響，郁達夫受到日本「身邊小說」的影響，冰心受到泰戈爾詩風及其宗教思想的影響，郭沫若受到美國詩人惠特曼的影響等等，這些外國文學的影響，使他們形成了不同的文藝思想，使他們的作品呈現出與衆不同的風格，更重要的是改變了他們對人生、對世界的看法，喚醒了他們的個性意識。在我國五、六十年代，蘇聯的小說曾影響了我國一代人，從《鋼鐵是怎樣煉成的》到高爾基的小說等，造就了那代人堅強不屈樂觀向上的精神。

那麼怎樣面對外國文學呢？外國文學作品浩如煙海，精華糟粕並存，如何輸入與我們有益的東西呢？

近日報載：上海一中年婦女，看了美國的暢銷小說《廊橋遺夢》後，茶飯不思，整天神智恍惚，開始十分憂鬱，後來就狂奔亂叫，其丈夫不得不將其送入精神病院。《廊橋遺夢》除了一個偷情的故事外，什麼也沒有，情節簡單，毫無新奇之處，立意也不新穎，卻讓這位中年婦女如痴如醉，不能不說是讀書讀到了「歪」處。

梁啓超對外國文學顯得異常冷靜，他認爲，要輸入外國文學「第一件，將人家的好著作，用本國語言文字譯寫出來；第二件，採了他的精神，來自己著作，造出本國的新文學。」這就是說，譯介外國作品，首先要有所選擇，其次要爲我所用。讀外國作品，要善於感受其語言、故事結構方式等等，然後在自己的創作中運用。

書法的樂趣

一位政府官員曾和我談書法，他說他整天陷於人事矛盾中，有委屈、有憤怒也有無奈，還要時時提防小人，不盡的煩惱讓他無法休息。而每當煩悶纏身，他便推開宣紙，拿起毛筆，奮筆疾書。他熱愛起書法完全是出於偶然。那年為了工作安排和一位主管發生了一次不小的爭吵，主管甚至以撤職相威脅，以使他改變自己的意見，但他明明知道這是主管在假公濟私，卻無可奈何。他告訴我說，他當時氣得渾身發抖，把自己關進辦公室也沒法平靜下來。他走到秘書辦公室，見到秘書正在用毛筆寫字，便大步地奔過去，不由分說地搶過秘書的毛筆飛快地寫起來，他是第一次拿毛筆，字寫得「慘不忍睹」，但寫著寫著，心情平靜了許多，最後，慢慢地心情開朗了。從此他便開始自己買紙買筆放在辦公室，放在家裏，心情不好就開始練字，日久天長，字也大有長進。積少成多，寫了厚厚一疊，一次遇見著名作家曹禺，談到自己愛好書法，曹禺讓他拿來看看，曹禺一看，讚不絕口，鼓勵他繼續努力，爭取早日出本個人書法集。他和我談話後，果眞送了我一本裝幀漂亮的書法集，眞可謂憤怒寫字，平靜成才！

梁啓超曾在題爲〈書法指導〉的演講中，稱書法「是最優美最便利的娛樂工具」。他認爲，「凡人必定有娛樂。在正當的工作及研究學問以外，換一換空氣，找點娛樂品，精神才提得起來。假使全是義務工作，生活一定枯燥、厭煩無味。有一、兩樣，或者兩、三樣娛樂品，調劑一下，生活就有趣味多了。」

娛樂的工具、方式很多，但要談便利與精神享受，寫字有它獨特之處。梁啓超給寫字這種娛樂列舉了七大好處，試分叙如下：

寫字足以獨樂。一人飲酒無趣，二人打牌甚感無聊，唱歌、跳舞沒有十個、二十個人簡直沒法跳出氣氛跳出心情，就是下棋，沒有兩個人便無以對陣，唯有寫字，不限人多人少，人多可以邊寫邊聊天，一人操筆也是樂在其中，而且寫字唯一人而寫才覺筆中至趣。

寫字不擇時不擇地。打球須有場地，聽戲得有戲園，彈琴於夜深人靜時，擾亂他人休息，而寫字卻無時無地不可，早上可以，晚上可以，可以在室內於燈下揮毫，也可以於滿是泳裝男女的沙灘上信筆塗抹，只要有筆墨，均可找得寫字的樂趣。

寫字費錢不多。比看電影、逛公園要便宜得多。一支筆及一瓶墨，可以寫上幾個月。至於紙，講究的可用宣紙，不講究的用廢報紙即可，甚至可以在玻璃上寫，隨寫隨擦，隨擦隨寫。

寫字所需時間不多。上得牌桌，沒有三、四個小時下不來，即使強行下來，也往往掃了大家的興，要看齣戲，不從頭看到尾等於沒看，而寫字卻不然，有時間寫它三個小時、一天半天均可，時間不多，寫它二十分鐘、半個小時也行。只要有功夫即可提筆，不必刻意安排專門的時間。

寫字輕鬆自如費精神不多。古人有「吟成五個字，捻斷數根鬚」的作詩之苦，寫就一篇文章從構思到成文到字斟句酌，均相當耗神，即便聽音樂看電影也得隨著音樂隨著電影情節，左思右想，而寫字人處在「用心不用心之間，腦筋並不勞碌」（梁啓超語）。

同時寫字極易成功，進步明顯。學畫畫須數十年功夫，且成功極難，又不易看出自己的長進，下棋、學唱無不如是。唯有寫字，「每天幾頁，有成績可見，上月可以同下月比較，十年之前可以同十年之後比較，隨時進步，自然隨時快樂」（梁啓超語）。有許多退休老同志，閒來無事，練起書法，幾年下來，字便寫得令人稱奇，摹擬名人字，足可以以假亂眞。

但寫字最大的益處是收攝身心，陶冶性情。人生於世有不盡的喜怒哀樂，一天工作下來，四肢無力，神情怠倦，「惟有寫字，在注意不注意之間」，「收攝精神，到一個靜穆的境界，身心自然覺得安泰舒暢。」許多娛樂求動，求活躍，而寫字求靜，故它更易陶冶人的性情。所以梁啓超說：「要想收攝身心，寫字是一個最好的法子」，並認爲「中國先輩，凡有高尙人格的人，大半都喜歡寫字」。

知命與努力

人何以有厭倦，多因不知分限，希望過大，動遭失敗，所以如此。知命的人，便無此弊。

知命和努力，原來是不可分離，互相為用的，再沒有不相容的疑惑了。知命與努力，這便是儒家的一大特色，也是中國民族一大特色，向來偉大人物，無不如此。

——梁啟超《知命與努力》

孔子說五十而知天命。我們在平時遇到什麼不幸時也常把「命」掛在嘴邊。何爲命？既然是命中注定，那麼人的努力還有有什麼意義？然而，梁啓超卻明知以慈禧太后爲代表的頑固派勢力反對變法維新，也明知頑固派的勢力強大而維新派勢單力薄，卻仍堅定不移地四處奔走，宣傳變法維新思想，可謂既「知命」又「努力」。

現實生活中，人會遇到一些必然的阻力和障礙，這似乎也是「命中注定」的，比如生老病死，比如困難與失敗。但人類要生存，必須爲了人類之進步而孜孜努力，這似乎也是「命中注定」的了。

何謂「命」？

當我們努力於某件事而最終還是失敗時，我們常說的一句話便是：這是命！當我們看到一個十分要強而能幹的人突然病倒而未酬大志時，會說：這是命！何謂「命」？有人說「命」就是「命運」，那麼什麼是「命運」呢？其實命是一種「必然」，而且是一種讓人無可奈何的「必然」。梁啓超解釋《孟子》的「莫之致而至者命也」說：「不靠我們力量去促成，而它自己當然來的，便是命。」

梁啟超在解釋「命」時還引述了《荀子》的話，即「節遇謂之命」。他解釋說，節是時節，意思是說在某一時節偶然遇著的，便是命。最後梁啟超歸納說：「我們的行動，受了一種不可抵抗的力量的支配，偶然間遇著一個機會，或者被限制著只許在一定範圍內自由活動，便是命。」

所以命即限制，所謂「命中注定」即謂人生所受到的所有的限制。

梁啟超在對「命」的分析中，把人類所受的限制，歸爲四類：自然界的限制，社會的限制，人自身的限制，他人對自己的限制等。人所受的限制，某一種即可讓人陷入失敗，而在實際的生活中，人幾乎均受著這四種限制的同時作用。

對「命」有了這些認識，也就不必對「命」持那麼神秘的心態了，命無非就是人所遇到的種種障礙。「命該如此」這句話在邏輯上有十分重要的現實意義，既然人生活於世必然遇到種種限制，所以說「命該如此」也就十分正常，它沒有絲毫的宿命色彩，瞭解了這一點，我們便可以認識到，宿命論其實是有深厚的現實基礎。然而，它對人來說，並無任何實際的意義。

宿命觀念產生的原因是人們對「限制」缺乏足夠的認識，不知道外界許多條件限制著人走向成功之途，不知道這些「異己」的客觀條件需要人下大力氣去克服。

人生不會均一帆風順，我們首先得有失敗的心理準備。兵家說：未曾行軍，先找敗路。因爲行軍打仗，有勝利也有失敗，而且只要打仗，所做的一切均是對失敗因素的克服，所以遇到什麼不利的因素不必怨天尤人，應把它視爲順其自然的客觀存在。人生在世，想做什麼都不容易，周圍有許多不利的客觀條件存在，它們便是你成功的障礙，所以應有遭遇挫折的心理準備。

老舍說：悲觀有一樣好處，它可以讓人把世事看淡一些。其實，人有了命運感也有一樣好處，它可以讓人在失敗面前泰然自如，而不至於慌亂不定，所以把宿命論反過來看也就沒什麼大不了的擔憂了。也許基督教對人的教誨來得還是直截了當一些，它一開始就告訴人說：人一生下來就是注定要受罪了，只有勤奮工作，人方得以解脫，而中國人所說的「命該如此」也許和基督的說法算是異曲同工吧！

認識自然與順其自然

人生將遇到許多限制，其中便有自然界的限制。

自然環境往往決定著一個地方、一個人走向文明的速度。在西藏，人處於高原氣候控制下，太陽輻射強烈、空氣稀薄、交通不便，人們很難聚在一起進行交流，工、農業生產受到極大的限制；人在高原上從一個地方到另一個地方，往往需要很長的時間，更別說某種文化在高原上傳播會遇到什麼自然的障礙了。而那些自然條件好的地方，如江南江浙一帶，工業及農業的發展就有諸多天然條件，文化交流也十分容易，那裡不僅有相當發達的物質文明，精神文化方面的成就也引人注目。

自然環境在一定條件下決定著一個人能否在事業上成功。據說哥倫布發現新大陸以前，有許多歐洲人都想漂洋過海，尋找新的大陸，然而滄海茫茫，航行條件十分有限，還不時遇到海上水怪風暴之類的，這些航海者均被海浪吞沒。到了哥倫布，航海條件有了大的發展，人具有了戰勝海洋的相當能力，哥倫布因此而成功，因此而留名。當年曹操揮師南下，在長江和孫、劉的軍隊對峙起來，儘管曹操兵多將廣，然而兵士不習水戰，水土不服，讓他的軍隊銳氣大減，最終敗軍赤壁，從而形成三國鼎足之勢。曹操之敗在相當大的程度上可謂自然條件使然。

在我國古代，「命」總和「天命」一詞聯繫在一起用的，那時人們對自然界的認識非常有限，雷霆雨雪、地震閃電，均讓人感到神秘莫測，而每一次自然的變故都會給人帶來不盡的災難。人們以為人的命運便由「天」定，所以有「人的命，天造定」的說法，這是人面對強大的自然環境的一種無可奈何的觀念。隨著人類社會的發展，人們對自然界的認識不斷加深，雷霆閃電在人們的心目中已不再神秘，人們已把外界的自然條件看成很自然很平常的事。所以人類越文明，「天命」觀也相對淡薄。

但自然環境的力量始終是強大的，在梁啓超看來，自然界對於人類給了一個arder（限制、範圍、命令），人只能在範圍內活動，想超過是不可能的。「命」即自然界給人的一種命令，它限制了人的活動內容及範圍，違背這個內容和範圍便是違反了命令，便會「命中注定」要失敗。

順其自然實際上是對「命」的一種超越。摸清了自然環境的發展規律，在不違背自然規律的情況下發展自己，依自然規律的變遷安排自己的生活工作，實際上便達到了認識自然，利用自然。清人張潮在《幽夢影》中說：「讀經宜冬，其神專也；讀史宜夏，其時久也；讀諸子宜秋，其別致也；讀諸集宜春，其機暢也。」這就是在不同的時令讀不同的書，會收到料想不到的效果，既是順其自然又是利用自然，既是不違背「命中注定」又發展了自己的興趣，可謂「人定勝天」之美舉。

把自己和別人區別開來

墨子一天遠足郊外，經過一家染坊，見幾個工匠進進出出十分忙碌，便走進染坊看個究竟，只見工匠們把一束束絲絹丟進大小不同的染缸裡。絲絹丟進裝著黑水的缸裡絲絹就變成了黑色，丟進裝著黃水的缸裡絲絹就變成了黃色。墨子看了一會兒不禁生出感慨說：絲絹是多麼的身不由己啊！雪白的絲絹丟到裝什麼顏色水的缸裡就變成了什麼顏色，如果陸續投進五種染料，絲絹也就有了五種顏色。染料一變，絲絹的顏色跟著變，看來絲絹染色也要謹愼，這個道理和做人治國的道理是一樣的。

俗話說近朱者赤，近墨者黑。台灣作家柏楊就曾把中國社教諸文化稱作「大染缸」，只要生活於此，必受到這個社會文化思潮的浸染。

梁啓超曾以學生在學校受的限制爲例來說明人所受到的社會影響。他認爲：「凡一個學校，它有學風，某一個在這學校裡念書的學生，當然受學風的影響和支配，想跳出學風以外，是不容易的。而這個學校的學風，又不是單獨成立的，又與其他學校，發生連帶關係，譬如在北京某一學校，它的學風，不能不受全北京學校的學風影響和支配，而不能脫離，就是這樣。全北京的學風，影響到某一校，一校的學風，又影響到某一人，關係是如此其密切而複雜，所以社會在空間上給予人們的分限，是不可避免，而不易改造的。」這讓人想到北大這所學校，由於蔡元培等教育家的倡導，北大形成了學術自由兼容並包的寬鬆的學術空氣，所以，從北大畢業的學生大多思想活躍富於創意精神，這便是環境給人的良好的影響。

梁啓超把「命」理解爲人活動所受到的限制，社會環境便是這「限制」之一種。你生活在奴隸社會，你的思維水準便沒辦法進步到資本主義社會，正如現代人很容易理解「白馬非馬論」的邏輯錯誤，而古代人就是無法理解一樣。

但人又畢竟是能動的，一個成功的人就善於克服社會帶給他的各種影響。海德格說：「人啊！你千萬別把自己和別人搞混了。」又說：「人啊！你們千萬別把我和你們搞混了。」海德格所理解的「存在」又稱作「親在」、「我在」，意在強調自己的個體意識，強調自己對社會環境的超越。人生在此世，也許是「命」中注定，便受到「此世」的種種限制，但如果人人生活於「此世」而不去改變之，社會便周而復始永無變化。

要改變社會環境，首先就要有獨立的自主意識，要把自己和別人區別開來，這個區別包括思想意識、文化修養、人格品質等等。梁啓超說世上英雄有兩種，一種是造勢英雄，一種是應勢英雄，而造勢英雄往往能突破社會環境對他的限制，自己闖出一種獨特的人生。

和別人區別開來才算擁有獨特的個性，個性在實際的生活中是個用爛了的詞，其實，眞正有個性的人是極少數，而一般的人最多可以稱得上「性格」。個性包含著對社會的獨到看法，人個體擁有獨特的人格結構，有著超越環境的勇氣和膽略。所以，「限制」也是有限度的，人的力量在諸多方面是可以超出「限制」的。

分限與「他人是地獄」

沙特說：「他人是地獄」。這句哲學判斷曾被用作倫理道德判斷受到激烈的批評，那其實是望文生義的理解，並沒有眞正理解沙特這句話的眞正涵義，更沒理解沙特這句話的哲學意義。由此，沙特所受的冤屈也實在不輕。

梁啓超力主「凡天地之間者，莫不變。」但有人立即反對說，今天法令制度皆由祖先傳下，累積多年，是經過多年實踐檢驗的優良傳統，而所謂的新法聞所未聞，如何知道它適應中國的實際?有人反對說，維新運動所用之法全是從西方引進，只適合西方，並不適合中國；還有人說，目前中國最大的問題是反對外敵侵略，而不是變法，諸如此種說法還有許多，集中起來只有一條：反對梁啓超的變法思想。如果梁啓超禁不起這諸般責難，也就放棄了自己的主張，這無疑自己走向了自己的反面。梁啓超周圍的人以種種藉口反對變法，迫使梁啓超和他們同爲一體，而一旦和別人混爲一體，梁啓超也沒有個性可言了，這正應了沙特的那句話：「他人是地獄」。

一個人要想成就一番事業，必須克服種種外在的障礙，周圍的人無時不影響著自己，他們的思想、言論、價值觀念等等無不影響著你的人格結構，人一生下來便陷入了這樣的人群之中，稍有不愼便淪爲流俗中的一員。正是在這種意義上沙特說：「他人是地獄」。沙特說這句話並不是說人與人之間只存在勾心鬥角、互相殘害，而是指互相影響、互相滲透。梁啓超說，「命」即「分限」。人們所謂的受「命」之左右即是受到種種「限制」。其中便有梁啓超所說的「對手方給予的分限」，而這「對手方給予的分限」和沙特所說的「他人是地獄」在精神上是相通的。

梁啓超說：「凡人固然自己要活動，然而同時別人也要活動，彼此原都是一樣的。加之人的活動方面，對自然常少，而對於他人的常多，所以人們活動是最易和他人發生關係的，既然如此，人們活動的時候，那對手方對於自己的活動也很有影響，這影響就是分限了。」梁啓超是這樣來解釋人與人的「分限」的，「人們對他人發生活動，他人爲應付起見，發生相當的活動來對抗。於是自己起了所謂反應，反應也有順的，也有逆的，遇見順的，尙不要緊，遇見逆的，則自己的活動將受其限制，而不能爲所欲爲，於是便構成了對手方的分限。」

既然人與人之間的分限有順的也有逆的，人與人也就成了既互爲分限又互爲條件之間的關係。正如梁啓超所舉的施教育者和受教育者間的分限這個例子，施教育者希望受教育者按其主觀意圖接受自己的教育，而受教育者卻從反面去接受，那麼教育者的目的便未達到，如果接受了施教育者的教育，教育者的目的便完滿達到了，所以施教育者和受教育者既互爲分限又互爲條件，從這種意義上講，「他人是地獄」對人與人之間的分限講得並不透徹，也因此，沙特的這句話易引起人們的誤讀。

其實人處於什麼樣的人際分限往往不以人的意志爲轉移，人們均生活於「命中注定」的「命」中，「命」即「分限」，所以人所處分限雖無神秘之處卻也是先在的，人們只有認識之、善處之，方能在分限中游刃有餘，不必把他人均看作自己的敵人，看作自己的敵對面，這樣首先壞了自己的心情。人處在人際分限中，明智的辦法是多找彼此的共同之處，雖不一定首肯別人的價值觀念是非標準，但應心懷寬容。而一旦彼此互相寬容、互相尊重而又互不臧否對方的人生選擇，人的個性方能張揚，「分限」方能得到極大程度的揚棄。所以對「他人是地獄」的理解應辯證地理解，既不能由此只看到人際「分限」，更不能把它作爲一個倫理道德概念來用，否則，人便陷入「分限」困圍之中，而無法享受正常人的生趣。

最難的是戰勝自己

有位作家朋友近年創作的情勢甚好，幾年下來，出了三本小說集，一本詩集，尙未結集的小說還有二百餘萬字，幾個朋友正籌劃著爲他開一個作品研討會，他卻一病不起，患了嚴重的心臟病和高血壓，幾乎無法再提筆寫作。他時時於夜深人靜時一個人仰望蒼天，長吁短嘆，感慨命運不濟。如用梁啓超的「命」

即「分限」說來解釋，他所受到的限制即是「個人固有的分限」。梁啓超說：「在個人自身的性質、能力、身體、人格、經濟諸方面，常有許多不由自主的狀態，這便是個人固有的分限。」這位作家朋友所遇到的「個人固有的分限」即是他身體羸弱造成的「分限」。

梁啓超認爲，個人固有的分限「有的是先天的，有的是受了社會的影響自然形成的。」人的身體素質是最典型的「先天性」個人固有的分限。有的人身體好，有的人身體差，身體好的人一天只睡眠六個小時就足夠了，身體差的人一天躺十個小時也不夠；身體好的人每天可以日讀萬言書絲毫不感倦怠，而身體弱的人捧讀幾頁便頭昏腦漲，如果勉強支撐捧讀不止，必引起病痛來。有些人一出生就有良好的身體基礎，加上後天的營養、鍛鍊，必定爲日後的工作生活打下堅實的體質基礎，而有的人一生下來就孱弱不堪，甚至從母體中遺傳了某些疾病，後天的營養和鍛鍊雖對身體起了不小的彌補作用，但終歸趕不上先天體質強壯的人。沒有好的身體難以把工作做好，這似乎也是「命」中所限，而這種限制純粹源自個體。

但人最大的「個人固有的分限」還是來自人本身的性格弱點，這些性格弱點對人的限制往往決定著人事業的成敗。

齊宣王向孟子問王政，孟子坦言看法，並對齊宣王提出了些希望，齊宣王卻說：你說的不適合我的情況，我這人有個毛病，就是太貪。孟子說，貪不要緊，只要能與老百姓一起來享用就行。齊宣王又說：那也不行，我還有別的毛病，就是太好色。孟子說：好色也不礙實行王政，只要照顧老百姓，與民同樂，擺正個人享樂與民享樂的關係同樣可以實行王政。齊宣王所說的貪、色即人性之弱點，而正是這些弱點阻礙著齊宣王實行仁政。

我們每個人均有自身的弱點，比如懈怠、意志不頑強、憂鬱、膽怯、明哲保身乃至貪小便宜、怕吃苦、喜歡走捷徑等等，當我們在被他人督促的情況下也許使這些弱點得以克服，而一旦沒有監督，我們往往走捷徑而自己原諒自己，自己給自己尋找原諒自己的藉口，使我們的意志得不到鍛鍊，不能一貫地堅持下去，無法達到預期的人生目的。所以說，對於人來說，最難的莫過於戰勝自己。

「明日復明日，明日何其多，我生待明日，萬事成蹉跎。」這首歌一代代流傳下來，不知有多少代多少人都會唱這首歌，卻仍有許多人「明日復明日」地「蹉跎」下去，這首歌勉勵人們戰勝自己的惰性，兢兢業業勤奮工作。但人天性中便殘存著一股奴性，沒有人監督人就懶惰，便有「萬事成蹉跎」的「命」了。

來自人本身的「固有的分限」還有很多，比如煩躁、耐不住寂寞、追慕豪奢與虛榮等等。成功的人並非是天生的，通向成功的路往往是佈滿荊棘而又令人感到孤獨寂寞的泥濘之路，許多人難耐寂寞去追求一時的轟動與「成功」，求得虛榮心的暫時滿足，最終浪費了自己的天賦和才華。

戰勝自己的過程實際上是人格的自我塑造過程，而人一旦有了戰勝自己的能力，便有了豐富而富有魅力的人格品質。

何以非要知天命

「知天命」意即知道天數注定的人所受到的限制，知道人充其量也只能在這受限制的範圍內活動。

爲什麼說「五十而知天命」呢？人類對自身能力的認識也是有一個過程的。

人年輕的時候，心高氣盛，把什麼也不放在眼裡，以為萬事均可求，這自然也加入了年輕人許多想像的成分，因為年輕人愛幻想、多激情，把世上許多問題均搬到自己想像的世界予以解決，所以有股凌人的盛氣。這自然也是年輕人的優勢，因為不敢想何以談敢做敢為？但如果把這盛氣發展到極至，就會蠻橫蠢幹，不知天高地厚，所以四處碰壁便成了在所難免的事情。

隨著人的年齡的不斷增長，人生閱歷也不斷豐富起來，便知道了什麼能做什麼不能做，知道了人的能力究竟能達到怎樣的境地。這就如同軍人打仗，戰士初上戰場時憑的是年輕力壯和軍事技能，渾身有使不完的勁，猛打猛衝，這樣在取得作戰勝利的同時，往往造成較大的損失，甚至造成一些不必要的犧牲。而有了一定的作戰經驗後就更注重智勝，希望在以最小代價的情況下戰勝敵人，而往往智取更能取得勝利。所以打仗不僅在「勇」，更在「謀」。

儒家哲人對能知命的人給予了相當高的評價。孔子說：「不知命無以為君子」。「意思是說：凡人非有知命的功夫不能作君子」（梁啓超語）。正如梁啓超所說的那樣：「君子二字在儒家的意義常是代表高尚人格的」。由孔子的「不知命無以爲君子」這句話足可見出儒家「是以知命爲養成高尚人格的重要條件」（梁啓超語）。

知天命當然有知天命的好處，知天命可以促使人從實際出發而不是從主觀願望出發莽撞蠻幹，可以讓人更加理性地對待他所面臨的各種問題，以便採取相應的措施予以應付，可以促使人充分利用現有的條件以取得預期的人生目的。

然而知天命的積極意義畢竟有限。人不能把生死看得太「透」，太透人生便沒有了意義。《紅樓夢》中的妙玉曾言：「縱有千年鐵門檻，終須一個土饅頭。」人最終落得托體同山與草芥爲伍，爲何要苦苦追問那人生的深遠意義？知天命的消極意義正在於此。知道了人生奮鬥之大限，知道了人生再奮鬥也免不了「死亡」的結局，知道了人一輩子會遇到種種限制，知道了人生活動的有限範圍，會不會就此罷休停止對人生意義的追尋？與「五十而知天命」這句話相聯的是「人到中年萬事休」。知道了「上天注定」的人活動的範圍而更有效地、更認眞地走人生之路當然是件了不起的舉動，而更多的人是，知限而止，知道人的最終能力所受的限制後便悲觀失望，從此停步不前，所以與其知天命倒不如不知天命，保持年輕時的那股熱情與銳氣，整天生活於自己的理想中，豈不是人生一大境界！

胡適在歐洲講中國文化時說，知命是一種懶惰哲學，有了這種主張，易於養成人的懶惰根性，所以他極力反對知命之說，提出不必知命的倡導。梁啓超認爲胡適的話不無道理，但過於偏激。但我認爲胡適的主張極適合國人的性情。人到五十，本來思想趨於保守，一切須從經驗出發，已失去了年輕時的熱情，在一定程度上開始對新鮮事物產生排斥拒絕的心態，如果這時再「知天命」，便獲取了保守守舊的理論依據，使其膽子變得更小，甚至裹足不前。

信仰的力量

唐玄奘爲了普渡衆生、傳播佛教，親自到西方天竺取經，歷盡千辛萬苦，幾欲折命，但他爲了信仰，置生死而不顧，明知路途艱險而遙遠，仍堅定不移地走下去。

荷蘭畫家梵谷出身貧寒，相貌醜陋，他瘋狂地熱愛著自己的繪畫藝術，同情底層勞苦人民，但人們並不理解他，把他視爲瘋子、精神病患者。爲了捕捉生活的每一個細節，他曾和生活於非人條件下的工人同甘共苦，他對人類充滿了狂熱的愛，他經常到下等酒吧體驗生活，同情那些被損害、被侮辱的酒吧女郎，酒吧女郎並不理解他，卻認爲他是來調笑的無聊之輩，便取笑他說：「你三天兩頭朝這兒跑，連一個錢也不肯花，你把你的耳朵送給我作禮物也好呀！」梵谷失望至極，他的情感再次受到傷害，回到家裡，於狂亂之中割掉自己的耳朵，寄去給那個酒吧女，梵谷以此畫了流芳百世的「自畫像」。梵谷除了對藝術的信仰，除了對人間眞情的信仰，什麼也沒有。是藝術、是對人間的愛心支撐著他一天天活了下來。

梁啓超說：知命即知人受的分限，不知命即不知道分限，不願意知命就是不承認分限，不注意分限，以爲無論何事我要如何便如何，可以到達目的。對梁啓超的話自然不能全盤否定，但難道知分限就不能在分限以外做些事情？無論怎樣的分限總是可以認識的，既然可以認識，人就可以依靠自己的努力去超越。人除了物質的力量還有信仰的力量，而且分限總是相對的，它對於張三也許構成分限，對李四也許就不再是分限，它在此時屬人的分限，在彼時就不是人的分限，人靠自身的力量和對信仰的執著，總可以克服分限，以達到自己的人生目的。

唐玄奘靠著對佛的信仰戰勝了各種艱難險阻，戰勝了各種誘惑和勸說，終於取經回來。梵谷靠對藝術的崇尚及對愛心的信仰，戰勝了孤獨寂寞和貧窮，並為人類奉獻了燦爛的藝術珍品。

是信仰讓人由被動地接受分限到主動地克服分限，是信仰讓人由被動地承受「天命」注定的安排到積極主動地改變自己的命運。人所有的主動性均源自於信仰，因為人首先對自己是肯定的，對自己是懷抱信仰之情的，一個對自己都失去信心的人，就談不上克服天命分限了，那麼他必然會處處被動，並最終自己遺棄自己。

所以，我總以為知不知天命並不重要，重要的是不能沒有信仰。

知命而努力方成偉人

《論語》曰：「不知命無以為君子」，又說：「知其不可為而為之」，是的，但又必然統一於人之一身。

「知其可爲而爲之——不知或不信分限，不是勇氣；必要知其不可爲而爲之，才算勇氣。明知山上有金礦動手去掘的人，那不算有勇；要明知不可爲，而知道應該去做的人，才算偉大。」所以梁啓超認爲「知其不可爲而爲之」這句話「很可以表現孔子的全部人格」。以前梁啓超認爲知命和努力是兩碼事，這兩者不能合並在一起，而且《列子·力命》中也曾闡述了力和命不能相容的問題。然而孔子的「知其不可爲而爲之」卻和《列子·力命》的闡述背道而馳，也打破了梁啓超過去所認爲的知命和努力兩不相容的觀點。

梁啓超說「知其不可爲而爲之」可以「作爲知命與努力的注腳」，他在進一步的解釋中認爲「『知其不可爲』便是知命，『而爲之』便是努力」，他說「孔子的偉大和勇氣，在此可以完全看出了。」梁啓超以科學家的科研工作爲例來說明知命而努力的可貴：自然科學家是以征服自然爲己任的，如果他一味地夢想他的能力可以征服自然界，比如說能夠制止地震，制止風暴，那他就算不得眞正的科學家，只能算科學幻想家；如果他知道地震風暴不可避免，卻不去研究其預防方法，而是聽其自然，那也不是眞正的科學家。眞正的科學家必須具備這樣的精神，即明知地震風暴無法控制，既不作不讓其發生的謬言，也不持悲觀消極態度，而是盡心盡力去研究預防的方法，以盡量減少人類的損失，能預防多少是多少，不因爲不能控制自然災害而氣餒，也不因稍有預防措施就自滿，這種科學家才是眞正的科學家。

人生有限，我們既知命便不應悲觀，否則人生便變得毫無意義，反而過得十分勞累，只有知命而又不懈地努力才會讓生命煥發出耀眼的光芒。

厭世情緒的產生便是因爲知命而消極的原因，只有孜孜不倦地努力工作，才能讓人對人生不產生厭倦。梁啓超認爲人們在生活中會厭倦，是因爲「不知分限，希望過大，動遭失敗，所以如此」，並認爲「知命的人，便無此弊。」其實知命而不努力照樣會厭世，甚至會絕望。

知命而努力是一種積極入世的思想，和莊子的「知其不可爲而安之若泰」的思想是截然不同的，莊子「知其不可爲」可視爲「知命」，而「安之若泰」便是逃避，是對現實矛盾的迴避，是一種出世哲學。知命而努力，便是明知生活中有許多艱難，有許多需要做的工作，而其中有許多並非人力所及，比如風暴、地震或是彗星對地球的威脅等等，但還是想方設法去戰勝之，還是積極努力地去克服這些災難。

知命而努力是通向成功之路，是一種實事求是腳踏實地的生活態度。知命而不努力，人便無以談事業無以談成功，知命而努力才能理智地克服種種現實的矛盾，使社會有序地朝前發展。康德說：「人爲自然立法」，人爲自然安排秩序，而自然界是和人處於對立地位的客觀實體，它對人本身便構成一種分限，如果人類不努力改造，人永遠受自然的支配，談不上自主能力。人類也深知自然界的威力，但人類仍知命而努力，終於讓自然界能爲人類服務，用句老話來講，人類已達到了「認識自然，利用自然」的目的。如果人類都像莊子那樣「知其不可爲而安之若泰」，人類便永遠無法進步。

所以梁啓超說，無論何人，只要既知命又努力，「則作事時較有把握，較能持久。」他認爲孔子的「發憤忘食，樂以忘憂」的工夫，「實在是知命和努力的一個大榜樣」。知命與努力，是「儒家的一大特色，也是中國民族一大特色，向來偉大人物，無不如此。」梁啓超告誡大家，「諸君持身涉世，如能領悟此一語的意義，做到此一層工夫，可以終身受用不盡！」

尋找適合自己的路

知命而努力可以讓人不虛度光陰，但並不一定能讓人成功，知命而努力只是成功的基礎，最終能否成功，還要看選擇的路適不適合你走。

知命而去努力多靠信仰予以支撑，不知命而努力固然可以毫無牽掛地沿著自己選擇的人生之路走去。梁啓超說：「設使前邊有一堵牆，攔住去路，人告訴他前面有牆，牆是走不過去的，而他悍然不顧，以爲沒有牆，我不信牆的限制，仍然前行。有時前面本是無牆，僥倖得以穿過，然已是可一不可再的成功，今既有牆，若是牆能任意穿行，自然很好，但牆實在是不能通過的東西，於是結果，他碰了牆，碰得頭破腦裂，不得不回來，回來改變方向，仍是照這樣碰牆。」這種人往往又意志薄弱，既禁不起成功也禁不起失敗，碰壁幾次後，一經躺下，比任何軟弱的人還軟弱，再無復起的希望。

所以，知命的目的不是讓人悲觀失望而提出不必知命的目的，也不是讓人不合實際地瞎撞。對知命的正確態度是，首先要知命努力，其次便是根據實際情況尋找一個適合自己的努力方向。

找到適合自己走的路，可以揚長避短，發揮自己的優勢。古今中外所有的成才之人均注意發揮自己的優勢，找尋適合自己走的路。馬克思在大學本來是學法律的，但他對哲學、歷史和文學更感興趣，經常自己到圖書館翻閱歷史典籍，到民間蒐集民歌。他覺得哲學、歷史和文學更適合自己，後來他努力的方向也定在這裡，終於成爲大哲學家和社會活動家。徐志摩到美國留學時學的是政治經濟學專業，但他感到自己對語言有特殊的興趣且有特殊的感受力，他便把大量的業餘時間用來攻讀文學作品，並提筆寫作，終於成爲文壇的一代奇才。

立志總是根據自己所處的時代環境、地域環境和個人具體情況而定的，有時甚至是根據人們的需要而定的。不依照自己的實際情況來立志，在立志的同時就爲自己設置了障礙。如果你生在醫學世家，而你對醫學又有濃厚的興趣，那麼如果你想立志當一名出色的醫生，以解決醫學界許多尖端的問題，那麼你的志向成功的可能性就大，因爲你首先具備了醫學世家的外在條件，又有濃厚的醫學興趣這樣的內在條件，那麼，只要經過刻苦努力，你會取得成功的。有很多醫科大學生被分配到邊遠山區，醫療條件很差，但他們並不因此而悲觀，相反的，他們利用地方優勢，改學中醫，自己採製中草藥，對當地多種病例認眞研究，寫成專門論文，大膽實施新的醫療方案，並取得巨大成就，甚至成爲治療某種疾病的專家。這類成功，就是充分利用現有條件，揚長避短，發揮優勢而取得的。

在逆境中利用可以利用的條件選擇自己適合的路，可以讓人在逆境中感受生命的快樂，讓人在苦中尋樂，並從而增強戰勝逆境的信心和勇氣。十年動亂中有許多作家年紀輕輕被關進監獄，不能寫作，什麼事也不能做，於是就刻苦鑽研毛澤東選集、馬列主義著作，作了大量筆記，最後成爲理論修養深厚的馬克思主義理論家。所以，利用一切可以利用的條件，尋找適合自己的路，往往可以由知命走向對命之超越，從而充分享受人生的樂趣。

希望與失望

希望者人類之所以異於禽獸，文明之所以異於野蠻，而亦豪傑之所以異於凡民者也。

——梁啟超〈說希望〉

人生總有種種遺憾，這些遺憾的產生從客觀上講，是因爲人受到環境限制太多的原因，從主觀上講，是因爲人總不安於現狀，總想超越現狀，使自己處於更理想的境界之中。這些遺憾當是人生之不足，但因有了這些遺憾，人類才會對這個世界生出眷戀之情，人類也多了許多牽掛。

其實不安於現狀才能改變現狀。只要心懷改變現狀的希望，便有改變現狀的現實行爲。如果世人對一切不再懷抱希望，人生將變得漫長而難挨，而且會變得毫無情趣。

所以，人本身就生活於希望之中，沒有希望便沒有人生。

人生不可無夢

有人說青年是多夢的時節，有人說青年人多幻想。年輕人總生活於自己所想像的世界中，他們受著這想像世界的激勵，不斷地爲走進這想像的世界而努力。

胡適年輕時很想當個詩人，在讀私塾的時候即迷醉於古代經典詩詞，到美國留學時，常和留學生們在一起互相酬唱，一起探討作詩的方法，後來他又和同學們探討中國新詩問題，並動手試寫白話詩，有時激情勃發，日寫數首。後來胡適又致力於中國古文化的研究，並比照西方文化，試圖回到中國從事社會改良活動，他接受了杜威的實用主義，並使其中國化，這就是胡適的實用主義哲學。胡適因其更傾向於理性思維，他對學術研究更有興致，終究喜愛有餘實踐不足而未能成爲詩人，但他想成爲大學者的夢想卻實現了。

人生沒有夢想也就不再有任何希望，人生不再希望什麼那無疑過著行屍走肉的生活。所以梁啓超說：「希望者靈魂之糧也」。梁啓超認爲人不可無夢，無夢即無希望，無希望即無法自立自強。他痛陳「今日我國民全陷落於失望時代」。縱觀全局，無不處於失望之中，「希望政府，政府失望；希望疆吏，疆吏失望；希望民國，民國失望；希望漸進，漸進失望；希望暴動，暴動失望；希望自力，自力失望；希望他力，他力失望。」梁啓超惋惜地指出，當今年輕人萎靡不振，「其起因殆皆在失望」。

就是和梁啓超一同奔走呼籲維新變法的志同道合者，當初熱血沸騰，雄心勃勃，一旦變法失敗，譚嗣同等人被殺，便悲觀失望，不再發奮，有的在青樓整日和妓女廝混以消磨時光，有的蹩進鴉片煙館，以了殘生，而有的歸家種田，日出而起，日落而息，最終如同路邊的草芥，默默地了卻殘生。

所以，梁啓超將希望和人的靈魂相提並論是有深刻意義的，人生一旦失去希望，人一旦不再做「夢」，豈不是成爲一種純動物式的生存了嗎？

欲與希望

只要是生物便有欲望，比如食欲、安全欲等，大凡動物都有求溫飽、求安全的欲望，這其實是一種本能。

欲來自於本能，而希望是欲最直接的結果。

動物想飽食，便希望有豐富的食物供自己享用，動物想尋覓一種安全，便希望找個能保護自己的地方躲起來，而人亦然。

但人畢竟是人，人因其社會性，其欲望也就多種多樣，同時因其社會性，其欲望便受到各種相應的限制。按心理學家的分析，人的欲望是有層次的，其最高層次便是自我實現。

有沒有沒有欲望的人呢？梁啓超認爲沒有，他說那些聲明自己沒有欲望的人未必無欲，他引用蘇峰子的話說，世上根本不存在沒有欲望的人。有的人好色，有的人好名，有的人好利，有的人好學等等。即使那些勸人清心寡欲戒除塵世欲望的出家人，仍有勸善之望，仍有「普渡衆生」之望。

梁啓超說：「人莫不欲其最上之物」。就是說人只要崇尙什麼，必定想得到什麼，除此之外，都不被重視。譬如崇尙精神生活的人，對物欲的世界總是不屑一顧，即使他非常清貧，他仍會非常自得；崇尙自由的人，給他金山銀山他也不要，給他再大的官他也不做，因爲這太束縛人的天性。陶潛願意過著充滿田園氣息的自耕農生活，卻不願去作個逢迎獻媚的彭澤縣令。貝多芬多次被皇家召見而不去，他只想作一個自由的藝術家，而不願意作失去自由去寫遵命音樂的幫閒藝人。很多人不理解，爲什麼有些人那麼喜愛讀書，即使再窮，他也要省吃儉用去買書，給他再大的官作也改不了讀書作文的嗜好，如果作官影響了他讀書作文，他便毫不猶豫地「解甲歸田」，因爲人們都「欲其最上之物」，他認爲好的他必定會不惜代價地追求，其餘的均不重要。

有欲便有希望。物欲強的人總希望自己成爲一個百萬富翁，愛漂亮的人總希望找個漂亮的女子作妻子，而其他的均在其次，有些年輕人找對象把漂亮作爲唯一的標準，挑來挑去，甚至連人品道德都不看重，最終釀成婚姻悲劇。愛名者總希望人人知道他的大名，甚至爲了擴大自己的名聲，花錢請人爲他作宣傳，至於有沒有那個實力，他全然不顧，這樣的人求的最終是個虛名。

其實對人來說，欲和望本屬一體，欲立足於人的動物性或說本能而言的，望立足於人的社會性、精神性而言。二十世紀初興起的精神分析學，尤其是其創始人佛洛伊德認爲，人的一切行爲均源於本能的衝動，他把人的一切均歸爲人的「性」，是人的「性」欲的結果，而其他所有的欲望，無論是動物性欲望還是社會性欲望，均是「性欲」的轉化形式，是性欲的變體。其實，從人的動物性來講，人有種種欲望，而這些欲望的社會化便成了希望。所以可以這樣說，人的希望一旦變成一種非社會性的，變成畸形的，它便成了動物式的欲望，而欲望在人的社會性的制約下，有效地實現其欲望，欲望便可稱爲希望，但從最根本的原因來講，人有了欲望才有希望，希望是欲望的社會化形式。就如同一個好色的人，好色本無可厚非，但一旦成了純動物性的色欲，那就會變成色情狂。而主動接受社會制約，他就會把好色之心變成對美的希望，希望有個漂亮的異性和自己相伴一生。

欲令人專注，望讓人獻生。物欲盛的人，往往把財物的占有視作自我價值的最充分實現，把財物視作自己的生命，其他的便不在他的視野之中；希望成爲一個作家的人，往往會花掉畢生的心血來從事寫作事業，他會用所有能用的時間精力去深入生活、蒐集材料，爲了使自己的作品和讀者見面，他會傾其所有甘受巨大的物質壓力也要出版作品。

如果一個人希望不再有而欲仍存，那他一定過著純動物式的生活了。有欲說明一個人有生命，一個人還活著，有希望才說明這個人過的是「人」的生活。

希望與激情

激情源自一種深沉而狂熱的愛，這種愛不是無對象的，是對理想世界的一種無限的痴情。而理想世界永遠是人希望中的世界，希望之路總是通向未來的，人與未來的聯繫也是靠希望作爲中介而完成的。所以激情產生的最根本原因是希望，人有了希望才會產生對所希望世界的愛心，這種愛心持久而熱烈便成爲激情。而激情促使人產生超越現實的力量並從而走向人所希望的世界，這樣，希望和激情便構成一個良性的圓圈，由希望產生激情，而由激情促使希望得以實現。

郭沫若年輕時候留學日本，備受日本人的歧視，祖國的貧弱讓郭沫若在日本人面前矮了半截，他渴望祖國寧靜下來好好建設，再也不要戰火硝煙彌漫，再也不要讓人民生活於顚沛流離之中。他希望祖國走向富強，不再受外敵侵擾。這種感情化作他對祖國的赤誠熱愛，並成爲一股一瀉千里的激情，他在其詩〈爐中煤〉等詩中讓這種激情得以充分地表現。面對軍閥割據，烽煙四起的現實，他希望有一個嶄新的社會出現，在他的許多詩中，噴湧著一種建設一個新世界打破一個舊世界的遏制不住的激情。讀郭沫若的詩，體會不出郭沫若詩中的激情便無法進入郭沫若詩的世界，甚至會認爲郭詩有些浮躁，其實，這種一瀉千里的激情正是郭詩的精髓。

持久而狂熱的恨是否也是激情？我認爲持久而狂熱的恨也是激情。因爲恨源於愛，你希望得到一份寧靜，而另一個人惡意地破壞了這份寧靜，你必然恨那個人。在許多場合，「愛」只是作爲一個中性詞來用的，它的積極方面就是指帶有熱情的喜歡什麼，其另一面就是指恨。

屈原對自己的祖國有著深沉的愛，他希望富國強兵，希望由楚國來統一中華大地，在楚國尚不強大的情況下，他希望聯齊抗秦以獲得強國的時機，但楚王聽信奸臣的讒言，破壞他聯齊抗秦的志願，他知道一旦放棄聯齊抗秦的策略，他所希望的富國強兵及由楚統一中華就會落空，他一邊懷著對祖國的愛，一邊懷著對誤國奸臣的恨，心潮激越澎湃，寫下了一篇篇蕩氣迴腸的楚辭，在〈離騷〉〈天問〉等詩中他上下求索，叩問天地，企盼有聖明君主掃除楚王心中的糊塗，以挽救楚國於危難之中。可以說屈原對誤國之臣的恨是因爲對祖國所懷的深沉的愛。

大仲馬筆下的基督山伯爵原本想平平安安幸福地度完一生，沒想到卻遭人陷害，他恨透了陷害自己的人，他要把自己進監獄的原因查個水落石出。就是這種恨支撐著他，使他堅強地活了下來。在監獄裡整整待了十七年後終於逃出，他便開始了令人驚心動魄的復仇。這種復仇之情也是一種激情，他所有的人生希望遭到了破壞，他要讓破壞者付出相應的代價。

希望與信仰

對人來說，希望與欲相區別又相同一，那麼人如何由欲到希望，或者說，人依靠什麼把欲昇華到希望呢？依靠信仰！

嚴格意義上講，信仰和希望亦可同一，但希望是淺層次的，適用於所有的人，但信仰就理性化了，它的字面意義是「對某人或某種主張、主義、宗教極度相信和尊敬，拿來作爲自己行動的榜樣或指南。」希望總是零碎的，有的甚至是自發的，它總是處於一種游離狀態。俗話說，年輕人多夢，意思就是說，年輕人的想法多、夢多，一會兒想作個醫生，像魯迅那樣，學得一手醫術本領，醫治那些如同他父親那樣備受病痛折磨的人們；一會兒想去學橋樑建設，希望自己將來在橋樑建設方面有所作爲；一會兒想當個作家，希望自己將來能寫出鼓舞人心、陶冶人的情操的優秀作品等等。所以，希望易變，有一種不穩定性。

同時希望有一種不堅定性，由不堅定性衍生出易幻滅性。希望得到什麼，一旦失敗，希望便要幻滅，走向失望。

而信仰全然不是這樣，信仰帶有更大程度的理性成分。人在信仰面前，會把自己的一切託付給信仰，正如馬克思對宗教的分析那樣，宗教是對人的全方位的剝奪，它讓人把自己所有的一切全部交給那個假設中的彼岸世界。實際上信仰是人最高的精神追求，它強化著人的希望，使人堅定不移地走在自己所希望的希望之路上。

信仰既然是理性化了的希望，那麼它和希望實際上便有著相同的人生目標，只不過，信仰更具有根本的意義，它直接深入到人生的根本意義，它牽涉到人生的目的、價值觀諸種問題。希望通向未來之路，它可以是長遠的，也可以是短時間的、暫時的。所以人一輩子可能有許多種希望，但信仰往往是一輩子貫徹始終的。

梁啓超在戊戌變法失敗前，完全走著康有爲的思想之路，他希望的即是康有爲所描述的大同社會，但是到日本之後，特別是遊歷了歐洲各國以後，他受到西方法制社會文化的影響，對中國社會改良的思想便有所發展，希望在中國建立一套經濟制度和法律制度以適應新社會的需要。他努力鑽研西方的財經金融制度，鑽研西方的貨幣政策等等，他對社會的設計有所變化，但他改良社會主張和平漸進的政治信仰卻始終未變。因爲改良社會的主張和平漸進的政治信仰是恆一的、不變的，一切新想法及新設計均是爲了這個政治信仰的充分實現。

梁啓超在〈論佛教與群治之關係〉一文中，把信仰提到治國平天下的高度，認爲中國積弱貧窮是因爲缺乏恆一的信仰的原因，孟子說：有恆產方有恆心，這個恆心實際上就是信仰。

相對於欲，希望比信仰更接近欲，希望較爲具體實在。你希望賺盡可能多的錢，你希望爭取更廣泛的名聲，你希望天晴後能到公園坐坐等等，都非常具體，它可以是精神上的，也可以是物質方面的。但信仰卻遠離物質，是純精神方面的，它和人的最高欲望——自我實現緊密相聯。你可以說希望得到保護，但你不能說信仰安全，你可以說希望吃好一點，但你不能說信仰食物，因爲信仰遠離具體事物直接深入到人生本質中去。

由此可以斷言，信仰屬於世界觀問題，它表明人對世界的根本看法。希望促成人的信仰變成現實，而信仰又反過來強化希望並保證希望的內容與方向。

哀莫大於心死

中國著名作家張愛玲的祖父張佩綸，指揮中法戰爭失敗，被發配充軍，其實，張佩綸非常有才華，而且極有抱負，一心想獻身於富強祖國的事業。他是同治年間進士，面對時政朝弊，他敢於大膽抨擊，對失職官員嚴懲不貸，會同許多幕僚高舉反腐敗的旗幟，縱橫捭闔，受到李鴻章的高度肯定。據說張佩綸言辭激烈，朋友們每每為他擔心，怕他禍從口出，但張佩綸急於求成，只想糾正時弊，哪裡顧及小人作祟，他的坦蕩胸襟受到許多官僚的欽佩。

一八四八年中法戰爭期間，張佩綸被委以重任，到福建會辦海防，到福建後，他四處奔走，到處視察，鼓勵將士英勇殺敵，以壯國人志氣。他感覺福建海防力量尚相當薄弱，便向南洋和北洋呼籲，請出援船隻以加強防務，而南洋和北洋竟各自為政，對張佩綸的籲請置之不理，他向清廷痛陳利害，仍未結果。張佩綸徹底絕望了。他感覺依靠自己的力量是無法換回清朝頹敗之命運了，便置防務於不顧，整天飲酒、狎妓，對軍事再不過問。而他又淸楚地知道，中法戰爭中國一旦失敗，他張佩綸便性命難保，而要想勝利，又無堅固的海防，他只好自暴自棄，活一天是一天，是謂「心」死矣。

果然，七月三日，法國艦隊突然襲擊，中國船隻本來十分有限，戰鬥力又不強，加之張佩綸毫無準備，在短短一個小時內，停泊在馬尾港的中國船隻全被擊毀，馬尾船廠被毀，這就是歷史上有名的「馬尾戰事」。張佩綸因而被革職充軍。在充軍期間，張佩綸更不過問政事，整天以詩書爲伴。期滿歸釋後，李鴻章看重他超凡的才華和膽識，收他做了幕僚，並把女兒許配給他作了續弦。但張佩綸對富國強兵已失去信心，對時弊已不再有過問的欲望，整天和妻子作文吟詩，發誓閉門耕讀，即使李鴻章主動和他談起軍事、經濟、外交方面的問題，並請他發表高見，他也只閉口不言，誓不參政。雖然他迫於和李鴻章的關係，不得不幫他處理一些軍事、外交事務，但那均是被動爲之，不再有絲毫的熱情了。

一個敢於直面現實力除時弊，有才華、有膽略的封建政治家就這樣銷聲於政壇了。張佩綸只想在春花雪月下了此殘生，不再想有任何作爲，作爲政治家的張佩綸，早在中法戰爭尙未正式開始時就「死」掉了。

哀莫大於心死，心死便不再有希望，不再有信仰，不再有激情，不再有關於未來的任何想法。哀莫大於心死，心死便不思進取，那實際上是對自己的最大浪費。張佩綸如果能堅持那種關注現實尋覓富國之路的銳氣，他多少也能做些事情。他有膽有識有才華，可惜，他這些素質均隨他的「心」死而浪費了。

梁啓超說：「希望者靈魂之糧也」，他又引述歌德的話說「希望者失意人之第二靈魂也」。這就是說，希望是事業成功的必備條件，而當一個人暫時失敗了，或當他的事業遇到挫折了，如果他仍不「死」心，而對未來仍充滿希望，他便又獲得到成功的條件，仍然可以酬自己的大志。

張佩綸充軍期滿獲釋後被李鴻章收爲幕僚，李鴻章希望能和他在一起研究軍事、外交大計，希望他重新鼓起勇氣爲尋找富國之路獻策獻力，張佩綸完全可以東山再起，至少可以再去彈駭那些昏庸腐敗之徒，仍可以燃起爲國奔走從而強大海防的希望。而他有了這些希望，便會像梁啓超說的那樣，是失意人又找到了「第二靈魂」，可惜他並沒這樣做，他失去了「希望」，便沒有了「靈魂」，成了失意人，希望試圖進入他的心靈世界成爲他這失意人的「第二靈魂」，他卻拒絕了。他無意國事，雖爲儒生，在充軍期間還寫了《管子注》二十四卷及《莊子古義》十卷，但他已完全沒有了儒家那種「齊家治國平天下」的使命感了，他的心「死」了，他已成了「沒有」靈魂的人。

自殺

梁啓超在戊戌政變時也曾想像譚嗣同那樣，以死抗爭，想以流血來喚起人民的覺醒，後經日本友人勸說才東渡日本，繼續從事變法運動的宣傳活動。康有爲想以領袖自居，孫中山想拜見他，他竟以要孫中山拜他爲師爲條件，這說明，他把個人威信看得重於民族利益。而梁啓超卻不這樣，他也反對孫中山的暴力革命主張，但他爲了民族富強還是主動和孫中山聯繫，以取得孫中山的支持，並認爲孫中山的許多建議很適合改良派的政治主張。這說明梁啓超改良社會的心是誠的，他眞誠地希望國富民強，而並不一味地想去占山頭當老大。到袁世凱就任臨時大總統，請他回國參與國是，他便以國家利益爲重，不計前嫌，一心輔袁。到袁企圖稱帝時，他又斷然拒絕袁世凱的重金行賄，奮起討袁。梁啓超救國救民的心願是眞誠的，他希望中國走向民主、走向富強的希望是眞誠的。

人生不能無夢。「希望者靈魂之糧也」，但人生又不可能一帆風順，人總會遇到各式各樣的艱難曲折，所以有希望便有失望，正如梁啓超說的那樣：「希望常與失望相乘」，而且失望是「希望之魔也」。

梁啓超說：「失望之惡果有二：其希望而不甚誠者，及其失望也，則退轉；其希望而甚誠者，及其失望也，則發狂。」而「發狂之極，其結果乃至於自殺。」自殺實際上便是以生命殉「希望」而去了。所以「凡能自殺者，必至誠之人也。」

這令人又想到梵谷，他對藝術的愛、對人民的愛是誠摯而瘋狂的，他太愛人間了，儘管他在人間並未得到愛，並未得到溫暖，最後他也因太愛人類感到無法活下去，終於，在一個晴朗的午後，他走到一堆稻草旁，向自己的胸口開槍，他捂著傷口，掙扎著走回屋裡，靜靜地躺下來，在生命的最後瞬間來想像人間的美麗。

我並不是在此鼓勵人們失意時自殺，失望時走上絕路，而是強調人該堅定自己的選擇，對希望的事要胸懷赤誠。其實，只要你對自己所追求的事業心懷赤誠，你便會百折不撓，而不會對前途失望。

我們不主張自殺。梁啓超說，爲國家前途計而自殺的一定是愛國的，那麼既然愛國，爲何非要自殺呢？自殺是意志薄弱的表現。

當然，爲殉希望而自殺是悲壯的，但心「死」之人，對生活不抱任何希望的人是否也是自殺呢？自古以來就「有無意識之自殺，有有意識之自殺。」有意識之自殺即以生命殉希望之自殺，無意識之自殺即對生活、人生不抱任何希望之自殺。梁啓超強烈呼籲人該有點精神，應作有意識有希望的人，並告誡說：「我有意識之國民，其毋自殺！」

所以，無希望即死滅，生活於世而不抱任何希望，無疑自殺！

不可鑽牛角尖

說人該有點精神，人該有所追求，而且人追求要執著，遭遇失敗，不可氣餒，而應堅強自己的意志，繼續追求。那麼是否就是說要不顧客觀實際地去硬拼蠻幹呢？

據《艾子雜說》載，有個叫營丘的地方，有個愛辯論的讀書人，「每多事，好折難而不中理」，這個讀書人閒來無事，特別喜歡和人爭論問題，在小處作文章，有時把有理說成無理。那天他跑到艾子那裡聊天，問艾子：「大車下面及駱駝脖子上爲什麼總要繫個鈴鐺？」艾子告訴他，那是因爲車子和駱駝體積太大，經常夜間走路，路上相逢時對方好讓路，只要聽到鈴聲，便知是大車來了好作讓路的準備。沒想到這個讀書人卻說，寶塔上也掛有鈴子，難道也是爲了走夜路告訴別人好讓別人讓路嗎？艾子向他解釋說：塔上掛個鈴子是爲了防鳥雀，因爲許多鳥雀喜歡「托高以巢」，在塔上作窩，鳥糞易弄髒地面，塔上掛個鈴子，風吹鈴響，可以趕鳥雀，這不能和馬車上繫鈴子相提並論。誰知這個讀書人又生疑問：鷹鷂的尾巴繫著鈴子，鳥雀怎麼不在鷹的尾巴上做窩呢？艾子感到很好笑，但還是耐心地爲他解釋，在鷹鷂尾巴上繫個鈴子是爲了便於捉鳥，鷹鷂到山林中捉鳥，如果在腳上縛根繩子容易被樹枝絆住，但繫個鈴子，只要它一拍翅膀，鈴子就會響起來，人們可以尋聲而去，如何說又是爲了防止鳥雀做窩呢？那位讀書人恍然大悟道：我從前看過別人家出大喪，前面有人手搖著鈴兒，嘴裡唱著歌，以前不知道這是什麼道理，如今才明白那是爲了怕被樹枝絆住。艾子實在有點哭笑不得，說，搖鈴是給死人開路的，因爲死人生前專愛和人瞎爭，所以搖鈴回應他在陰間發問呢！

這個營丘的讀書人只要說話，便要鑽牛角尖，揪住一點，不顧其餘，在一個地方打轉，獲得的認識卻是事物的表面，而不能觸及到事物的本質。

人應有所希望，而希望只是目標，它不是過程，通向目標的路有許多條，一條路走不通既不能失望幻滅，也不能在這條路上奔波，認準一條並不適應自己的路一味地走下去，是典型的鑽牛角尖的做法。實際上，一條路走不通，可以換一條路走，只要不放棄對希望的目標的追求，走哪條路都是可以的。

鑽牛角尖的思維習慣之所以形成，是因爲沒有學會全面地看問題的思維方法，一個事物的形成總是由多方面的原因造成，認識它也須從各種角度入手，也可從不同的途徑深入，孤立地認識事物，只可能養成我們鑽牛角尖的習慣。

人們鑽牛角尖也說明人們並沒有把握對象的能力，自己尙處於被認識對象所控制的地位，不是站在一個高度，對認識對象有個根本的把握。

所以，光胸懷大志光有希望不行，還必須具有認識世界的能力，還必須從整體上提高自己宏觀把握世界的能力。

樂觀與悲觀

對人生有所希望，未來的人生也多令人滿意，因爲希望總是通向未來的。希望總令人樂觀。懷舊總和過去相聯繫，而且舊有的東西一旦進入人的心靈世界往往變得完善起來，人對所經歷過的東西往往會產生出眷戀之情，懷舊的人多愛拿他心靈中「完美」的過去和尙有缺陷的現在作比較，於是生出今不如昔的感覺，所以懷舊的人多悲觀。

年輕人多夢、多幻想，有著各式各樣的希望，他們的思想多通向未來，整日生活於對未來世界的精神設計裡，所以他們心胸開闊，樂觀向上。老年人經歷過太多的人世滄桑，在他們的意識中已形成了一定的價值觀念，這種價值觀念經過幾十年的實踐檢驗，有相當的合理程度，他們也將其視爲圭臬。但現實社會發展了，年輕人因經歷的少，所受到的限制小，他們沒有那麼多的觀念框框限制，他們的價值觀念只處於開始形成階段，所以他們既敢於建設也敢於破壞。老年人對新出現的現象不理解，他們想出來提醒年輕人，但年輕人年輕氣盛，哪裡聽得進去。於是老年人便感嘆今不如昔，他們對現實生活懷抱拒斥心態，在過去的歲月裡討生活。留戀過去，思想必定保守，必定悲觀。

梁啓超認爲，老年人對現實多喜憂慮，多憂也就多灰心，灰心也就怯懦，怯懦也就苟安悲觀，不思進取。而年輕人多思將來，多思將來也就多進取，多進取也就樂觀。

當然在實際的生活中，並不是所有的年輕人都樂觀，也不是所有的老年人都悲觀，樂觀或是悲觀並不是以人來劃分的。每個人身上同時存在著悲觀和樂觀兩種情緒。在人的一生中，人的悲觀情緒要比樂觀情緒重得多。

悲觀源自對自身的失望，樂觀源自對自我價值的充分肯定與對自身的希望。

梁啓超在談知命和努力的關係時闡明了「命」即是對人的一種限制的觀念，

這個限制有客觀自然的，有社會的，有自身的，有他人設置的等等，人生活在世界上，要突破這種「命」中注定談何容易，但人有向對象挑戰的天性，人既知命，卻仍有向命運挑戰的欲望，如同貝多芬所說的：「我要扼住命運的咽喉，它休想讓我屈服。」然而外界的限制畢竟過於強大，而人對命運的超越也畢竟有限，人有時不能不「望命興嘆」，有些灰心，有些悲觀，有些對自身超越命運的可能性持懷疑，甚至會自己承認自己的價值也無非如此。所以，悲觀幾乎是人與生俱來的情緒。人類社會經歷了農業社會轉向後工業化社會後，人類也就由浪漫時代轉入理性時代和意志時代，然而人的悲劇意識也就越來越明顯，所以哲學上的悲觀傾向也就一天天瀰漫開來了。

而樂觀呢？樂觀相對於悲觀帶有更大程度的主觀色彩，帶有更大程度的人爲色彩。在一個人的主觀世界裡，要想生活得舒心快樂，就必須有意識地以樂觀情緒去克服自己的悲觀情緒。悲觀帶有更大程度的「先天」色彩，樂觀帶有相當程度的「後天」色彩。人要相信自己的力量，應有必要的自信，時刻對未來懷著希望，那麼人就自然會樂觀起來。所以，樂觀和人的信仰相聯，人在自己的信仰裡生活，必定是樂觀的。小而言之，不談信仰只談希望，人在自己希望裡生活也必是樂觀的。

所以，人生注定必須要有希望，沒有希望必生活於令人沮喪的悲觀中，而生活於希望中，人生必定樂觀而有情味。

梁啓超在〈說希望〉一文中痛斥老子的「知足不辱，知止不殆」給人的思想帶來的毒害。知足便不思進取，知止便不知眼前還有路，這是一種不要希望的人生觀。

看來在一定程度上可以說，希望即人的生命。

安於現狀說

我們說信仰帶有根本性意味，而希望卻是有階段性的，希望應時時不丟，方能在信仰的路上走得堅定。梁啓超提倡人們心目中應有「第二之世界」，人們應站在現實的大地上，由希望引領著，走向心中的「第二之世界」，而安於現狀者卻不曾想到這「第二之世界」，他們只肯「苟安於現在之地位」。

有人說安於現狀者其實也有希望，他是以現在爲希望，這種說法是不確實的。所謂希望，總是和未來世界相聯的，沒有關於未來，沒有區別於現狀的關於未來之想法，便不算是有希望，他只是以現狀爲滿足，不再有別的希望。所以安於現狀者只存在兩種情況，一種是曾經有過希望，沿著希望之路努力的結果便是現狀，從此，以現狀爲滿足且安於現狀，不再有新的希望；一種是這種人根本就未曾有什麼希望，現狀也許是歷史的原因，比如作城裡人還是作鄉下人，對多數來說，是歷史造成的，而不是自身能決定的，比如一個貴族後代，他吃喝玩樂樣樣不缺，他也十分滿足，躺在現狀的幸福裡盡情享樂，那麼他的現狀是否就是他通過希望之路奮鬥的結果呢？顯然不是，他享有的是祖先的蔭富，他的現狀是繼承下來的，這類安於現狀的人根本談不上有過希望。

安於現狀是一種懶人哲學，要麼躺在祖先留下的遺產中坐吃山空，要麼一勞永逸不再有新的追求。他之所以能安於現狀，無非是說他的生存問題在短時間內不存在問題。

安於現狀的人多以「舒服」爲價值標準來拒絕進取，並把進取視作「瞎折騰」。殊不知舒服也是有層次的，漁夫就不知道躺在沙灘上曬太陽的舒服不同於躺在安樂椅上的舒服，人的欲求既有層次，享受也該有層次，而安於現狀的人卻不明瞭這層次的差別。

安於現狀也是種庸人的藉口。進取既然不僅要付出筋骨之勞，還要付出心智之苦。而有些人卻呆笨怯懦，猶豫而少主見，他們除了安於現狀外別無他路可走。他們也許曾有別的希望，但既懶於去做又無能力去做，這種人所苟安的現狀多是由歷史原因造成的，或者是從父母那裡繼承的。

安於現狀就要落後，持比上不足比下有餘觀點的人最終要落到他所說的「下」的境地。市場經濟商品社會，是一個充分發揮聰明才智的社會，你不前進別人卻在前進，梁啓超說，中國有著燦爛古文化，後來卻落在了西方社會的後面，就是安於現狀，心中沒有「第二之世界」，沒有新的希望的結果，而美國、法國、日本之所以走向強大，便是因爲它們「不肯苟安於現在之地位，其心目中，別有第二之世界」，而正是這「第二之世界」，足以讓他們具備「向上求進之心」，大至一個國家、一個民族，小到一個單位、一個個人，如果安於現狀，沒有新希望新目標，勢必被別人趕超，勢必落後。

知足未必常樂

梁啓超說：「夫希望者人類之所以異於禽獸，文明之所以異於野蠻。」虎豹熊狼餓而外出覓食，飽後即擇地而憩，等到胃中無食又起而尋食，如此周而復始，不曾知道要爲明天儲存些吃食。以一次性吃飽爲原則，一飽則萬事休。原始社會人們群居一處，狩獵時也一同出擊，吃飽後群居而息，剩下的先留著，待吃完後再去狩獵採集，遇到天氣不好，只好守在山洞挨餓，人類慢慢進化後，便開始認識到儲存的重要，女子採集青菜野果，逐之儲存起來，人們才開始擺脫飢餓，婦女的地位由此提高，後來的史學家稱這段歷史爲「母系氏族社會」。人類越文明，越會思考自己的未來，越會對將來寄予希望。

有沒有只顧今天不顧明天，只顧眼前不顧將來的人呢？那些高唱「知足常樂」的人即是。

知足常樂原是安慰人的說法，它提倡節欲，提倡人生活在世上不要有太多的奢望，如果你聽信了並將其視爲信條，可謂大大地上了當。

首先，勸人要知足的人往往自己不知足，其欲望常無限度地膨脹。勸別人要知足，正可以給自己留不知足的餘地，假如有一倉庫的糧食，人多而糧有限，於是總有人出來勸大家少吃一些，要知足，而別人少吃他正可以多吃。損人利己往往是勸人知足的眞正原因。

其次，知足常樂的觀點產生於生產力不發達、物質財富貧乏的時代。生產力不發達、物質財富貧乏，不可能滿足人們日益增長的物質需求。解決這一矛盾，只能有兩個途徑，一是發展生產力，這是從根本上予以解決。一是建立相應的道德秩序，培養人們克己利人知足常樂的精神，以解決財富貧乏的矛盾，這種方法只可能穩定環境，卻不能從根本上解決問題。

再次，知足未必常樂，知足常樂既可以用來安慰別人，也可以用來欺騙自己。我們經常說，自己可以安慰自己，但不能自己欺騙自己。知足往往著眼於現在，著眼於現在的形勢、現在的心情，那麼形勢發展了，心情就不發展了嗎？形勢發展了心情肯定也要發展，原來感到知足現在就不再知足，原來樂的就不再樂，更談不上常樂。

知足常樂讓人意志消沉，進取心泯滅，最終讓人不求上進，平平庸庸，無所作爲。而一旦和朋友們相比，總感到自己白活一場，那時何談常樂，就是一絲的愉悅恐怕也不復存在了。

知足常樂是農業化社會的必然產物，它不利於社會的發展，也不利於個人的發展。在工業化、後工業化社會，人的個性得以充分的發展，競爭引入人的生存空間，人生活於飛速發展的社會之中，就如同逆水行舟，不進則退。人不能知足，也無法知足，環境迫使你不斷努力，何談常樂而知足？同時隨著人的素質的不斷提高，人總想在工作中充分發展自己的個性，人便不再有知足的消極觀念，也就談不上因知足而常樂了。

俗話說，人無遠慮，必有近憂。現實中的一切均和未來相通，而凡和未來相通的事物均必發展，不爲明天計，作一天和尙撞一天鐘，甚至作一天和尙只撞半天鐘，一旦形勢發生變化，自己無以應付，何樂而有？梁啓超談的人應有所希望，人應該有更高的追求，即是說人應爲明天計，不能抱著知足常樂的法寶無所事事。人應有所希望。旣希望，便不會只爲今天計，就不能安於現狀，而應想方設法超越今天。所以摒棄知足常樂是希望之起點，也是成功之起點。從整個社會來說，破除知足常樂思想滋生的土壤，使人們意識到只有「進取」才能獲得人生的快樂，那麼社會的發展就有了希望。

士兵與將軍

拿破崙說，不想當將軍的士兵不是好士兵。因爲沒有當將軍的想法就不會以一個將軍的標準來要求自己，不會認眞研究戰爭，不會認眞去研究作戰方略。

高爾基在勸誡青年要嚴格要求自己時打比方說，水承受的壓力越大，噴的就越高，只有以高標準嚴格要求自己，方能有所作爲，方能爲社會多作貢獻。

梁啓超說：「希望者豪傑之所以異於凡民者」他認爲，天下豪傑之所以成爲豪傑，就是因爲他們具有成爲豪傑的遠大志向，具有成爲一代英雄的希望。哥倫布航海探險，試圖想取得貴族們的支持，貴族們感到這是異端邪念，想取得葡萄牙政府的支持，政府拒絕提供幫助，那些同行者，漂泊在海上，神情沮喪，懊悔不迭，甚至想殺掉哥倫布以解恨，但哥倫布卻意志堅定，最後終於踏上「新大陸」。哥倫布所以能夠成功，是因爲他心中存在著尋找新大陸的希望。

辛棄疾本爲一介書生，卻希望中國能得以統一，他日夜勤奮練功，爲日後奔赴戰場殺敵立功作著準備，後來他投筆從戎，爲恢復中原而揮師北上，成爲南宋有名的儒將。

有人說，成功的人總要經歷幾個人生階段：立志、努力、成功。立志即希望自己成爲社會所需要的人才，它可以使人有計畫地規劃自己的生活，同時爲達到某個生活目標而奮力拼搏。

希望包含多方面的意義，它包括人生目標，包括信心，包括處世態度等等。只要你心懷某種希望，你必然有行動的動力，當一個目標達到後，又產生新的希望，你便在跨越一個個人生的目標中不斷接近成功，並最終成爲時代所需要的英雄。

梁啓超本人出生於遭受外敵侵略頻頻的南方邊疆，從小就聽祖父給他講述抗擊外國侵略的故事，這些故事強烈地撞擊著梁啓超幼小的心靈，他從小就有建功立業的遠大志向，希望自己成爲於社會有用的人。當他在科舉之路上春風得意時遇到了康有爲，康有爲愛國圖強的思想讓他受到很大鼓舞，於是一心投在康有爲門下，積極宣傳維新變法，成爲中國政治舞台上的活躍人物。梁啓超所以能夠成功，是因爲他有富國圖強的遠大志向，是因爲他有成爲爲民造福之人物的希望。

士兵有當將軍的希望才會成爲將軍。對一個國家來說，也是這樣，只有有想當強大國家的希望，國家才會強大。梁啓超說，美國人希望獨立，他們就奮起鬥爭，作出了巨大的犧牲，終於於一片廢墟中建立了強大的國家，英國人希望獲得自由，便和封建勢力展開堅決的鬥爭，爲憲章之爭鬥，爲國會制度之形成，作出了巨大努力，終於建立了資產階級民主政治制度，並一天天走向強大。所以大到一個國家、一個民族，小到一個個人，希望均是「第二靈魂」，個人沒有希望無法有所作爲，國家沒有遠大希望就無法走向繁榮富強。

希望與失望同在，而「惟豪傑之徒，爲能保其希望而使之勿失」（梁啓超語）。如想成就一番事業，「必不以目前之區區，沮吾心而餒吾志。英雄之希望如是，偉大國民之希望亦復如是。」

群居與獨處

道莫善於群，莫不善於獨。獨故塞，塞故愚，愚故弱；群故通，通故智，智故強。

——梁啟超《論學會》

美國前總統布希說：什麼是政治?政治就是與人打交道。其實豈止是政治，所有的人生活動，無一不是與人打交道。與人打交道有直接的、間接的。深居簡出的學者較少顯山露水，在許多社交場合找不到他們，但他們居家讀書，仍是與人打交道，因爲書是人寫的，他捧讀一本書，實際上便是在和人交談，交談某種知識，某種對社會人生乃至整個世界的看法。

那種「雞犬之聲相聞，老死不相往來」的處世哲學已無法適應現代社會的需要了，隨著工業社會的發展，社會分工越來越細，離開某一領域的協作，社會的發展就會出現停滯不前的局面，一個人離開他人同樣無法正常地生活。如何適應社會，如何在形成自己個性的同時學會與人打交道，成了十分重要的人生課題。

群者，天下之公理

從字面上理解，群是「聚合」的意思。梁啓超說，假如地球上只有一個人，那就沒有群可言。他舉例說，地球上的植物，「有鬚、有粉以傳種，有子膛以結子，有種瓣以養芽，有根、有荄以吸土中物質，有幹以植立，有莖、有葉以受空氣雨露日光，各儲其能，各效其力，一物之群也，藉使諸體缺一，或各不相應，其萎可立而待也。」植物所以有生命，是因爲它的各個部分群策群力，互相接應，離別一方，植物就會失去生命。

梁啓超的這種「群」的觀念很辯證。因爲世界萬物是聯繫的，而不是孤立的，人活著必須有空氣、陽光、水分，就一個人本身而言，「耳可聽，目可視，口可音，手足可動，骨可植，筋可絡，肺可呼吸，胃可食，心可變血」等等，人體的哪個器官出了毛病便是個不健全的人，比如眼睛瞎了，雖不危及生命卻成了殘廢，而內臟哪裡出了毛病便有生命的危險，各個器官互相協調，合力而爲，人才會健康長壽。

梁啓超說：「群者，天下之公理。」他所說的群既指萬物相互聯繫，相互作用，也指萬物要互相配合，具體到人，就是說要有向心力，要相互協調相互合作。而作爲統治者，要以天下爲公，爲民著想，有群衆觀念。梁啓超曾就如何有效地治理國家的問題請教康有爲。康有爲說，治理好一個國家，首先要時刻爲民衆著想，其次要有發展的觀念，不可拘泥成規。梁啓超以此作《變法通議》，詳盡闡釋其「變」的觀念和「群」的主張，可見，梁啓超是把「群」和「變」視爲同等重要問題的。

地球上有百分之七十的地方是汪洋大海，而這些水仍依附於地表，不曾「掉」到別的星球上去，人直立於地，卻不會飄向宇宙，月亮在固定的軌道上繞地球運行，周而復始，永不停歇，這都是受到地心引力作用的結果。古人說：「能群者謂之群」。用通俗的話說，就是能把群衆聚合起來，能把人們的情感與智慧集中在一起，並有一定的感召力，這樣的人可以作君主。而要把群衆集合在一起並具有相當的凝聚力，不能憑藉武力，而要靠人格道德的力量去感召，所以古代的君主謙稱自己妄爲人君而缺乏相應的人格力量，而稱自己爲「寡人」，稱自己爲「孤」。孔子、孟子等先賢均無權勢，因有極高的人格修養而爲君主所重視，君主多喜向他們垂詢治國之道。這些君主在他們的勸解之下，實行「仁」政，身體力行地「與民同樂」。以「群」的觀念治國，時刻想著百姓，國君把權力分派給臣下，臣下把權力下放給地方，而地方郡縣又尊重民意，廣開言路。充分發揮其自主性，互相體貼，互相照顧，泱泱四海，成爲一整體國家，且形成優秀的民族素質。所以「群」的觀念本質上是「利他」、「利人」的觀念，作爲單個的人，擁有「群」的觀念，擁有「利他」、「利人」的觀念，不僅利於人心相凝，而且可以培養自己的優良品質，讓自己在一個團結祥和的氛圍中快樂地生活，這無疑極大地提高了自己生活的質量。

很難想像的是，當一個民族、一個國家，每個人爲了自身的利益你爭我奪，喪失「群」的意識，即心中沒有別人只有自己，時時爲自己的利益精打細算，整天被患得患失的情緒所左右，生活得十分疲憊。梁啓超在《論中國積弱由於防弊》中談到中國古今政治之區別，認爲中國古代吏制，因君主有「群」的觀念，國家得以治理，而後世，以天下爲自己的家私，凡事莫不以利己爲標準，國君怕大臣有權而使王權旁落，便限制大臣的思想言行，而大臣怕地方官員有權就限制地方官員，地方官員怕百姓得利益就大量搜刮人民，各級官員又爲了保住自己的權利，只好對上迎逢拍馬，對下屬百般刁難，「人人皆知有己，不知有天下。君私其府，官私其爵，……宗私其族，族私其姓，鄉私其土，黨私其里……以故爲民四萬萬，則爲國亦四萬萬，夫是之謂無國。」

所以，各私其利，國家必定是一盤散沙。

對於一個人來說，整天工於算計別人，算計自己的利益，就會變得自私狹隘，甚至孤僻。有了「群」的觀念，多和人交往，不僅可以開闊心胸，而且可以健全自己的人品。

因此，梁啓超說：「群者，天下之公理。」

團結就是力量

梁啓超提出「群」的觀念不僅有相應的哲學基礎，而且具有相應的現實意義。他的《說群》寫於一八九七年五月，《論學會》寫於一八九六年十一月，這時他們的變法維新思想正以空前的速度在全國傳播，梁啓超認識到要變革中國，靠一、兩個維新志士是遠遠不夠的，必須發動廣大的群衆起來，讓人們心往一處想，勁往一處使，所以從理論宣傳上和實際行動上，便開始尋找志同道合者。

梁啓超把維新變法的途徑分作兩部分：上面依靠「王公大人」，下面依靠開明士紳，而開明士紳是他認爲的基本「群衆」。爭取了他們的贊同，維新派的力量無疑壯大了許多。

梁啓超上下游說，四處奔走，終於聯絡上湖南巡撫陳寶箴，按察使黃遵憲，督學江標、徐仁鑄等，同時他積極倡辦維新團體，如湘學會、知恥學會、經濟學會等。後來梁啓超擔任湖南時務學堂的總教習時，努力培養學生，在學生中大力宣傳維新思想，爲維新運動培養新生力量。在時務學堂，梁啓超爲維新變法事業培養了一大批出色人才。僅在時務學堂第一班的四十名學生中，就有著名的「庚子六君子」：唐才常、林圭、李炳寰、田邦璿、蔡仲浩、傅茲祥。「第一班中有一個齡最小的學生，就是以後護國之役中首先在雲南舉兵討伐袁世凱的蔡鍔將軍」（孟祥才《梁啓超傳》）。

同時梁啓超還千方百計說服那些擁有大權的權貴，希望他們站到維新派這一邊。早在一八九五年康、梁組織強學會時就爭取過張之洞，張之洞曾捐款五千兩以贊助強學會，但張之洞對維新思想並不完全贊同，當一八九五年十月康有爲專程從上海到南京勸張之洞支持變法時，張之洞卻極力反對「孔子改制」理論。話不投機三句多，康有爲悻悻而去。但梁啓超卻不肯罷休，他在一八九七年初專程到武昌拜見張之洞，受到張之洞的禮遇，他們在一起縱論天下大事，交換對當前形勢的看法，梁啓超感到武昌一趟未曾虛行。雖然後來的實事證明，張之洞並未站到維新派這一邊，但梁啓超那種尋求支持，充分發揮衆人力量的主張卻是有價值的。後來他還積極主動地去結識孫中山，希望得到孫中山等革命派的支持等等，這一系列的活動都在實踐上履行著他那「群」的觀念。

俗諺說：團結就是力量，又說，衆人拾柴木焰高；還說，快手不如幫手，即是說群集的力量。

第二次世界大戰期間，希特勒爲了防止他在入侵波蘭等國時蘇聯會出面干預，就假惺惺地和蘇聯簽署了互不侵犯條約，這實際上是一種離間戰術，當希特勒在橫掃東歐諸國時，蘇聯因有和德國的條約而按兵不動，但希特勒征服歐洲後便揮師向東，讓蘇聯措手不及。歐洲各國各自爲政，被希特勒各個擊破，後來全世界各國聯合起來，法西斯勢力便成了孤家寡人，必然滅亡了。

團結可以調動各方面的力量，可以集中各方面的智慧。一個國家強大首先是因爲這個國家的人民團結。即使國家勢力尙不強大，別國亦不敢輕易舉兵侵擾。

學會與人打交道

人與動物的區別在於其社會性，既生活於社會之中，就不能不和人打交道。世態千秋，人有百樣，對同一個問題，不同的人會有不同的看法，是因爲人們的心態各不相同，不相同便有矛盾。人們並不想生活於矛盾之中，但人世百態在客觀上造就了各種複雜的矛盾，所以，人生就在解決各種矛盾中度過，學會與人打交道，就是學會解決人與人之間的各種矛盾。

布希所說的政治就是與人打交道，實際上也可以說成政治就是解決各種矛盾，而且解決的全是人與人的矛盾，至於人與自然的矛盾，那是自然科學家的事。

明代洪應明說：「倚高才而玩世，背後須防射影之蟲；飾厚貌以欺人，面前恐有照膽之境。」是故作人與人打交道必先以一個「誠」字開頭。爲人誠實而不虛飾，內省而不傲人，是與人打交道的前提。自恃才高，誰也瞧不起，自以爲是，目空一切，在內心便自然生出與衆人相排斥的心理，自己首先就沒有與他人打成一片的心理，便不可能去掌握與人打交道應注意的細節，而別人看來，你既自視孤傲，便不願與你往來。而且妄自尊大的人多因目中無人而出口傷人，把自己抬到不適當的地位，嚴重地挫傷他人的自尊心。

爲人不可傲世，更不可矯飾。《幽夢影》說：「文章做到極處，是爲恰好，爲人做到極處，是爲本然。」郁達夫敏感多疑，且容易消沉，對人不留面情，但爲人率眞，反受到許多人的親近，全因其「本然」。

常言道：水至清無魚。爲人須講原則，但亦不可太過，尤其是些生活細節，不必過於認眞。傅雷的人格猶如寒冬枯松，令人欽慕，但待人甚是苛刻，和他一起生活一方面得陪著小心，一方面不能絲毫客氣，說客氣話作客氣事都會被他視爲「摻假」，他和誰也工作不到一塊兒，同學之間，人們躲之不及，同事之間，經常紅臉。人們十分崇敬他，但都不願和他在一起工作，在一起聊天。有一次楊絳和錢鍾書到他家作客，傅雷談到楊絳翻譯的《唐吉訶德》，稱其信雅達，但給予了並不太高的評價，楊絳知道傅雷爲人坦眞，也十分苛刻，不肯說些無用的捧場話，傅雷對別人的東西就像對自己的東西那樣挑剔嚴格，他肯定楊絳的翻譯是說的眞話。但爲人謙和的楊絳還是像往常一樣不看對象地謙虛了幾句，並誠懇地請傅雷多多指教，誰知傅雷火來了，他騰地站起來，用煙斗指著楊絳說：「楊絳，我告訴你，我傅雷不是能輕易肯定人的，我絕不會說那些無聊的奉承話。」楊絳頓感無地自容，稍坐一會兒，便和錢鍾書一同「逃掉」。也正因此，人們稱傅雷的妻子朱馥梅爲「了不起的女性」。

我們說，爲人不可和稀泥，但也不必太認眞。傅雷凡事均極認眞，他在事業上是成功者，但在與人打交道這方面，無疑是失敗了。

社會發展到今天，人自身也得到了極大的解放，人們的個性得到極大程度的張揚，有個性的人在一起又最容易發生碰撞。這時，「平等」的觀念十分重要，不僅人格上、感情上要平等，人生觀上也要平等。我們過去總認爲左和右是排斥的，是不相容的，實際上，它們的相互配合才完成人的聽力功能。現實生活中，學術領域中，尤其是社會科學領域，不同觀點往往是對同一問題的不同角度、不同層次的認識，往往不存在誰是誰非的問題，不同的觀點一起起作用，共同豐富著人們對同一個問題的認識。有了「平等」的觀念便會產生寬容的心態，而一旦具備了寬容心態便會有開放的視界、開放的胸懷。

康有為自視為當代孔丘，對資產階級的東西不屑一顧，對西方文明持牴觸心態，所以儘管他反對科舉制度，反對古文經學，提倡變法維新，提倡「群」的觀點，但他對異質文化並不寬容，他的認識仍是封閉的，是非開放的，最終仍是狹隘的。而梁啓超便不同，他不僅研究中國古文，而且研究西方的政治、經濟等，對孫中山領導的資產階級革命也極力爭取。梁啓超的政治思想和學術思想均是開放的，這與他寬厚平等的處世態度不無關係。

所以，處世態度不僅影響著與人相處的內容與質量，也影響著人生事業和追求。因此，學會與人打交道，在人生長河中有極為重要的意義。

多交朋友

實踐出眞知。學會與人打交道，要多交朋友。

梁啓超在《論學會》中論及朋友意義，引述《易》說：「君子以朋友講習」，又引《論語》的話說：「有朋自遠方來，不亦樂乎。」在談到與人打交道交朋友的意義時又說：「道莫善於群，莫不善於獨。獨故塞，塞故愚，愚故弱；群故通，通故智，智故強。」在《說群一，群理一》中，談到與人打交道，「腦筋愈多者其人愈慧，反是則鈍，接人愈多者其人愈通，反是則塞，讀書愈多者其人愈博，反是則陋。」

多交朋友，精神可得到一份休憩。遇到什麼事了，或者是有個什麼問題想與人談談，盡可以去找朋友。和朋友談心，精神得以極大地放鬆。正如洪應明所說，一生淸富，莫如會友品茗。所以有了朋友，精神上便多了份牽掛，心性便多了個投寄之處。

多交朋友可以豐富自己的生活。梁實秋說，人該淸靜，若要一日不得安寧，你便請客，若要一月不得安寧，你便搬家，若要一生不得安寧，你便娶妻。整天忙於應酬固不可取，然長久枯坐家中，既不出去交友，亦不讓朋友來作客，畢竟少了一種樂趣。逢年過節或是週末，朋友相邀到哪裡坐坐，去聊天，都不失爲一件樂事，既打發了多餘的時光，又是一種休息的方式，同時自己的生活也多了一份色彩，豈不是美事？

朋友是自己的一面鏡子。知心的朋友，總應毫不忌諱地指出對方的弱點，同時提出改進的地方，人生如有幾位知己，可以見出自己言行品質中的瑕點，可以少做許多憾事。唐太宗李世民因有了魏徵這樣直言的大臣加朋友，少犯了許多錯誤，在位期間，達到天下大治。後來魏徵身染沉疴一病不起，李世民悲痛不已，說自己失去了一位朋友，失去了一面鏡子。人生於世，誰能無過，而且許多過失又遠非自己能知曉，有位能直言錯失的朋友，人生即可少許多憾事。

朋友是種財富，感情的財富、知識的財富。人們說：「三個臭皮匠，勝過一個諸葛亮。」也可解作朋友智慧的重要性。梁實秋說，友誼屬於人的六倫之一種，朋友多可以激發自己對生活的愛，可以激發人的激情，可以讓人生出對人世的眷戀。同時廣泛地結交朋友，也是一種獲取知識的途徑。當今社會是訊息社會，訊息量大，傳播也快，傳播途徑也多。有一則廣告就是利用朋友間互相傳遞訊息這一生活實際，不再自誇產品如何優秀，不再炫耀自己的產品獲得什麼大獎，只是說：「如果你使用滿意，請告訴你的朋友。」因爲朋友間轉告的事，可信度大，這則廣告抓住了這一點，所以收效極佳。

沙龍與學會

沙龍來自在十七世紀法國，那時上流社會的貴夫人閒來無事，便相邀在一起喝喝咖啡、談談藝術，以打發時光。沙龍的本意是客廳，後來便把它引申為一種文化聚會。

古代學者多喜居家讀書著書，不喜聚會討論。文人在一起坐坐，也只可能喝喝酒、發發牢騷，最多再吟詩作文，至於討論什麼尖端的學術問題，是很少見的。即便討論，也非現代意義上沙龍那種方式。

梁啓超對中國傳統做學問方法提出質疑，並提出興學會之主張。從事某領域研究的人，走出個人狹小的圈子，成立一個不像政治社團那樣的學術組織，名曰學會。學會在本質意義上就是一種沙龍。像農學會、商學會、法學會等等，就是從事某種職業的人，因其有共同的語言而聚在一塊兒，討論些本行業的實踐及理論問題。

梁啓超又認為孔子育徒三千，孟軻教人數百，實際上都是沙龍的結果。孔子教書的方式即是沙龍式討論，他有教無類，學生進來，先是一字不識，後來又和孔子一起坐而論道，然後再出去開館設教，這樣發展下去，中國的教學得以發展。後世的漢學家卻反對集會、反對沙龍，紀昀說：「漢亡於黨錮，宋亡於僞學，明亡於東林」，似乎國家滅亡都是因爲一些只能坐而論道的知識份子坐在一起談滅亡的。專制主義者十分害怕群衆的力量，而梁啓超主張興辦學會就是意在發揮群體的力量。

像梁啓超所說的那樣興辦學會，舉辦沙龍，足可以精研學問，互相促進。他舉例說，在西方，各行各業都有學會，每個學會定期舉辦沙龍活動。幾百、幾十人聚集在一起，讀書談文。搞自然科學的，在一塊兒作實驗、作分析，師友之間互相學習，哪個人有什麼疑難問題，可以及時得到解答，都解答不了的，可以坐下來討論，這樣，西方「學無不成，術無不精」、「人才日出」，由此，人才充斥其國，其國必會富強。

所以，梁啓超認爲：「今欲振中國，在廣人才；欲廣人才，在興學會。」

如前所叙，興辦學會的本質即興辦沙龍，比如社會上有詩詞學會，就是那些愛好詩詞的人聚集在一起，定期開展一下活動，在一起交流一下作詩作詞的體會。知識界爲何對沙龍有如此濃厚的興味呢？

現代社會的發展瞬息萬變，而人所經歷的又很有限，即如讀書，一個人短時間內能閱讀的書十分有限，幾個讀書人經常聚一聚，談談自己近期所讀的書，互相推薦一下自己所讀的好書、好文章，不僅可以讀到更多的書，還可以做到有選擇地讀書。如果幾個人讀了同一本書，坐在一起談談對書的理解認識，對大家都是一種啓發，可以幫助我們更深入地理解書的內容。所以，參加一次沙龍活動，所獲得的訊息量、知識量往往擴大了許多倍。同時因發生觀點碰撞甚至爭論，必然加深我們對一個問題的理解，無形中在提高著我們的思維水準，像梁啓超所認爲的那樣，這種活動實際上就是「增智」的活動。

所以，沙龍於人、於國均有裨益。

以文會友

人類群居於地球，但人類又各自活在自己心裡，活在自己的精神世界裡。交朋友的方式很多，可以是經常坐在沙龍裡聊天，也可以是神交，而以文會友既可以面交也可以神交。

徐志摩當時在「新月」社，經常接到沈從文的文章及詩，但卻未謀面，而他們彼此已有許多「印象」，可謂神交已久。郁達夫讀到沈從文的作品馬上去找他，並請沈從文在小飯館吃了一餐，可謂面交。他們與沈從文卻都是透過以文會友的方式聯繫上的。

以文相會而認識朋友，在感情上往往十分純粹，既少了許多虛禮，又多了幾分飄逸之氣，有些脫俗。

以文相會的朋友比一般朋友更容易走入彼此的世界，既然以文相會，無論見面與否，總該是志同道合，在許多地方有著共同的志趣，交談起來直奔話題，且有說不完的話及討論不完的問題，可以避免坐冷板凳，絲毫不會坐下打幾個哈哈，呷口茶便起身走人。

以文相會的朋友往往是性情中的友人，不需要謙和客套，說話辦事多由性之所致，你大可以和他坦誠相見，暢談苦悶，也許他在實踐中無法給你幫助，但他非常能夠理解你，能夠分擔你的鬱悶。

沙龍中人有的原本就是朋友，如今坐在一塊兒談詩作文，亦屬因文而會。而那些原本不認識的朋友坐在一塊兒，便是以文相識，以文而成爲朋友了。這樣相會相識的朋友，因以文爲中介，絕不會和你談生意，和你比存款。否則，他該到另一種場合上去。

人不能無趣，有幾個不曾見面而以文相會的朋友生活就會平生趣味，所以人活於世，有幾個神交的文友，實際上在自己的精神世界裡又找到一塊棲居之地。

有的人只能作生活上的朋友，有的人只能作神交中的文友，有人既可以作生活中摯友又可以作神交中以文相會的逸友。過於實際而堅實地生活於市井之中的人只能作生活中的朋友，而不可以作逸友。詩人活得過於眞實而又痛苦，是純精神的，他對物性的現實總持拒斥的心態，所以詩人不能作生活中的朋友，只能作吟詩談文而又最好不見面的神交逸友。寫小說的人既須體驗精神世界又是積極入世，對生活有較廣泛的知識，他們既可以作生活中的朋友又可以作神交的逸友。

以文相會而又不曾見面的逸友不能沒有，但不宜過多，更不能沉溺其中，否則總在精神世界生活而走不出來。正如人們所說，愛情生活沒有柏拉圖式的眞情不行，只有柏拉圖式的愛卻易讓人發瘋。生活中的朋友也不能缺少，但不宜過濫，因爲世人生活中的朋友總是多數，而以文相會的逸友畢竟有限。多則易濫，而朋友濫，生活便易生出不必要的枝節。

從與人誠與不誠，能否讓人脫俗這一層講，人應多交以文相會而神交的逸友，這種友情實屬難得，尤其值得珍視。

說公德

梁啓超「群」的觀念不僅包括「利他」、「君爲民」等觀念，還包括「德」的觀念，人聚合一起，必定有一約定俗成、公衆認可的行爲標準來維持社會的穩定，促進社會的發展。而要讓社會有序地發展，必須要以一種道德價値觀來作保證。

梁啓超說：「公德者何?人群之所以爲群，國家之所以爲國，賴此德焉以成立者也。」

儒家講窮則獨善其身，梁啓超認爲這種「獨善其身者謂之私德」，當然，儒家更講「兼善天下」，梁啓超認爲這種「兼善天下」就是爲他謀利、爲人民群衆謀利，謂之公德。公德和私德是人不可缺少之品質，無私德人便無法完善個人的道德修養，沒有道德修養品質惡劣者充斥，國家便沒辦法興旺；沒有公德人便無以成團，雖然有許多潔身自好品行端正的人，但沒有人出來維護集體的利益，同樣沒辦法興旺國家。中國是講倫理道德的古老文明之國，不能說是不講道德，但歷史上人們講的多是「獨善其身」的私德，對公德講的甚少。梁啓超的公德觀實質上已觸及到了建立新道德破除舊道德的問題。

三國時隱居遼東的管寧和後來成爲魏國司徒的華歆小時候是非常要好的朋友。有一次，他們在菜地裡除草，從泥土裡挖出一塊黃金，管寧目不斜視，只管揮鋤；華歆卻有些不忍，彎腰拾起金塊，看了半天，才把它扔掉。後來，他們在一起讀書，忽然外面響起鼓樂聲，一位高官坐著華貴的馬車經過門前，管寧充耳不聞，端坐在炕席上埋頭讀書；華歆卻趕忙丟下書本，跑到街上去看熱鬧。華歆回來後，管寧揮刀，把炕席一分爲二，並說，從今以後，你我不再是志同道合的朋友。

管寧注重自我修煉，不斷純淨自己的品質，讀書專心致志，可謂有私德。華歆耐不住清貧，見錢起欲念，且讀書不專心，顯然個人修養尚需加強。出於公德，管寧應勸解華歆才對，因華歆畢竟年輕，正是個性品格形成時期，管寧不應聽之任之，只顧自己完成自己的品格修養。

樂羊妻子勸誡丈夫路不拾遺，但並未勸丈夫拾到東西應該尋找失主。管寧割席，只想和華歆分道揚鑣，卻未曾想到教育管寧，掘地挖出一塊黃金，他只想到不可據為己有，但卻不曾想到捐給某個貧困之人。

由此可見，古人確實偏重私德，而不重視公德。

路不拾遺只是完善了自己的道德修養，拾起而找到失主，方為公德。自己不隨地吐痰，自覺維持公共衛生，當然也屬公德之列，但只注意自己保持公共衛生，而不出面制止那些破壞公共衛生的行為，顯然也是不對的，那種只保證自己遵守而不顧其他的作法，實際上是一種不徹底的公德。

所以，公德問題實際上是一個如何維持一個群體生存的問題。為了群的生存，既潔身自好又積極主動維持公德不受破壞，才是完全的講公德。

公德維護的是公衆利益，講公德即是爲了維護公共利益盡自己的義務。

獨處是一種享受

現代文明的發展讓人漸漸從體力勞動中解放出來，人們不再需要男耕女織，不再需要肩挑手提，然而人們仍在叫累，而這種累不再是體力筋骨之累，而是心累。

身累便需要休息，心累則需要獨處。

心累是因爲有太多不順心之事，所謂事與願違，好心得不到好報；所謂爾虞我詐，勾心鬥角，讓人活得異常沉重。你要平平安安地生活於世，你不僅得努力工作，還要謹防小人，所以身體疲憊而心更勞。

而獨處，是暫時與人世的遠離，它可以讓人一個人靜下心來梳理思緒，忘掉煩惱。人只有在獨處的時候方能眞切地感受自己，與自己對話。

整天在交際場上走動，你不得不說些客套話、沒用的話，你不得不做些無用的、煩瑣的禮節上的事，你會感到你簡直是在表演，你與你自己的距離越來越遠，甚至最終會失去自己。有一天你突然反省自己，你會忍不住地問：我怎麼會是這樣的？我還是我自己麼？

獨處可以時時讓你反問自己，可以把你從遠離你自身的地方拉回來，讓你回到你自己。而人一旦時時活在自己心中，便是一種純粹的精神享受了。這樣，你便會形成自己的人格、自己的品行，成爲一個有個性的人。

明代的陳繼儒在他著名的《小窗幽記》中說：「閒居之趣，快活有五：不與交接，免拜送之禮，一也；終日觀書鼓琴，二也；睡起隨意，無有拘礙，三也；不聞炎涼器雜，四也；能課子耕讀，五也。」陳繼儒把獨處家中不外出拜親訪友從而免除各種套禮，視爲是閒居趣味之首，而其他的樂趣也來自那些能獨立自主隨心所欲的閒居之時，可見獨處乃人生之一大享樂。所以緊接這句，陳繼儒接著說「獨臥林泉，曠然自適，無利無營，少思寡欲，修身出世之法也。」這便道出了獨處之所以其樂無窮，在於免除了一個「俗」字。

梁啓超力倡「群」的觀念，認爲人應該爲公共利益著想，要講公德，而不應只注重個人道德的完善只講「私德」，他認爲「獨善其身」與「兼善天下」應該並行不悖。那麼，人如何完善自己的私德呢？

人唯有在獨處時方能淸理自己，人在獨處時不僅能眞切地感受自己，更能反省自己與人群居一處時言行之得失，爲人之忠信與否，孔子說：「吾日三省吾身」就是靠獨處。所以，獨處是自我完善講求私德的方式。

「悟」是靠獨處來完成的，任何一種精深的思想，任何一種學說均是在獨處靜思的狀態下完成的。所以，能否充分享受獨處的佳趣足可以判斷一個人的文明程度。

獨處可以享受無思無欲之境界，體會到眞正的思、眞正的欲之快樂，並且能享受到思與不思之快樂的人方能懂得眞正的自由。自由的最高境界是精神自由，獨處既讓人回到自己，回到自己精神世界之中，即獲得了眞正意義也是最高境界之自由。

所以，人生在世，既要學會群居，學會與人打交道，又要能夠獨處。與人打交道的方法可以由人傳授，而能否獨處則靠自身修養，硬性地學是學不來的。

爲學與做人

問諸君「為什麼進學校？」我想人人都會衆口一辭的答道：「為的是求學問。」再問：「你為什麼要求學問？」「你想學些什麼？」恐怕各人的答案就很不相同，或者竟自答不出來了。諸君啊！我請替你們總答一句罷：「為的是學做人。」

——梁啟超〈為學與做人〉

梁啟超概括說，為學的目的在於做人！

「為學的目的在於做人」的說法首先體現了梁啟超強烈的個體意識，他談的學習，並非局限於傳統儒家先賢所說的倫理道德，還包括對各種自然知識的掌握。這樣梁啟超的「學」便包含了更廣泛的內容，而「做人」，也不僅指從精神上自我提高，也包括人類征服自然的能力。

做人，是做一個具有一定的價值追求、有一定道德修養的人，是做一個具有一定的征服自然的能力、具備一定現代科學知識的人；為學，是要學習先賢哲人的立身之說，是要學習傳統的文化精神以及高尚情操、道德準則，是要學習生存於世的社會生活知識及自然科學知識。為學和做人均有內在和外在兩個層次。

文品與人品

什麼是文明？文明是人類遠離蒙昧落後狀態的程度，而人類文明程度與一個人或一個民族的文化程度是成正比的，這從普遍意義上講，當然是對的。但對某一個單個的人來說，卻未必如此。因為，文明至少包含道德良善的精神境界，和行爲的智術能量等兩個領域。而就後者言之，作爲手段，文明可以用來爲人造福，亦可用來製造殺人工具。從這個意義上講，文明本身是中性的，不同的人來掌握文明，其目的及作用於人的結果就各不相同。如此說來，人格品質決定著文明服務的方向。正如梁啓超所說的那樣，品行不正的人來使用文明，其危害更大，他甚至說，世界上那些罪大極惡者多是那些有知識有學問的人。

文品即指一個人的文化程度、文明程度，而人品即指人的人格結構、人格品位。

人品和文品一樣都不是先天的，是靠後天學習而得，梁啓超認爲上學讀書獲取文品是很次要的，而且遠不是讀書學習的目的，讀書最根本的目的是做人，是培養自己的精神情操，不斷建構自己的人格品位。但梁啓超所理解的人品遠非封建儒家所理解的那些內容，他具有更加開闊的視野，他認爲入學讀書培養人格，不是造就政治生活所需要的那些治人之思，他所說的人格還包括知識，包括認識社會的能力，包括人生活於社會所必需的自然科學知識。所以，梁啓超的人品包括了文品在內，他認爲沒有相當的文化知識，沒有相當的自然科學、社會科學的積累，便不可能有健全的人格，這與我們所理解的人品、文品的涵義就有明顯的不同。

孔丘年少便懂得齊家治國所需要的仁政以及君臣父子的禮儀，他們自然算得上有著高潔的修養。孟軻自幼知禮，孔融讓梨，但社會發展及今，人的眼界也打開了，社會經濟的發展必然帶來人思維意識的發展，光有那些內在的思想品德修養仍不能適應社會的需求，沒有相當的自然、社會知識也無法讓自己的思想修養得以現實化。所以，健全的人格結構應同時具備文品和人品。

梁啓超深感在當時的中國難以建立民主共和的原因，並不是國人刁怪，而是缺乏起碼的西方文化知識，缺乏起碼的民主意識，光靠幾個讀過書留過洋的知識份子無以建立強大的國家，所以他力主興學校辦學會，傳播現代科學知識，傳播現代社會意識，從而重新塑造「四萬萬同胞之人格」。

我們習慣於把人格看成純精神性的，因而忽略了其物質性，而我們在實際的生活中，總是仰慕那些既有高尚的情操又有進取精神，同時有較強的社會工作能力的人，這樣的人既有高尚的人品，又有過硬的文品，是人們生活中可見可感的楷模。

知識飢荒與精神飢荒

清朝末期，李鴻章、張之洞等人鑒於中國工業落後，商業不振，大興洋務運動，張之洞勇敢地提出「中學爲體，西學爲用」的著名口號，興辦工廠，從西方輸入自然科學知識及工業商業管理文化，以賑濟國內自然科學知識的飢荒。到了以梁啓超爲首的維新改良派，他們同樣深感四萬萬同胞的文化知識飢荒嚴重，從翻譯、出國考察、外出留學等方式著手，大量引進西方自然科學知識以及政治經濟管理方式等等，於是全國掀起棄文理從科學的熱潮。後來，魯迅東渡日本學習醫學，李四光出國學習地質，郁達夫出國學政治社會學，成仿吾學軍業造大炮以及徐志摩到美國學經濟，均是在前清已形成的科學救國熱潮的餘波。

然而幾十年過去了，皇帝也倒了，自然科學在中國較以前有了空前的發展，但結果如何呢?解決了知識飢荒，無非有利於建立一種良性的自然科學發展秩序，但人類能否幸福卻仍未解決。

一九二三年一月三十日，梁啓超到蘇州東南大學作題爲〈東南大學課畢告別辭〉。從一九二二年四月到一九二三年元月梁啓超在南京、上海、蘇州等地的大學作巡迴演講，演講涉及到中國古文化的研究，對西方經濟的研究探索，以及藝術人生等問題，而在東南大學所作的演講中特別強調了知識飢荒和精神飢荒之間的關係。

梁啓超針對當時學校只重視知識灌輸不重視人的精神陶冶的現狀，稱當時的學校爲「販賣知識的雜貨店」，而到學校求學的人也只顧拼命吸納知識，至於別的，卻全然不顧。二十年代，美式教育在中國盛極一時，而美國青年在美式教育下的情形是什麼樣子的呢？「不過是一生到死，急急忙忙的，不任一件事放過：忙進學校，忙上課，忙考試，忙升學，忙畢業，忙得文憑，忙謀事，忙花錢，忙快樂，忙戀愛，忙結婚，忙養兒女，還有最後一忙——忙死」。「像在這種人生觀底下過活，那麼，千千萬萬人，前腳接後腳的來這世界上走一趟，住幾十年，做些什麼呢？唯一無二的目的，豈不是來做消耗麵包的機器嗎？」

這倒有點像目前的某些學校，一味地追求升學率，體育課、音樂課等全部取消，把一個個十幾歲本該活潑可愛的男女培養得少年老成，缺乏生活的熱情和起碼的情趣，而且連基本的日常生活小事都不會處理，他們僅僅是考試的工具，而一旦大學考上了便萬事大吉，不再進取，又不注意培養自己各方面的能力，走向社會仍須從頭學起。而且這些學生當他們升入大學，倘再無追求，便精神空虛。這些人即便滿腹的科學知識，然精神卻無處寄託，仍得不到人生之樂趣。

我們在學習西方科學文化的同時，我們固有的許多美好的東西卻在淪喪，道德感、使命感以及責任心等等，而從西方進來的被西方也不再認可的東西在漸漸影響著我們，所以梁啓超指出：「我們在學校應求西學，而捨取自當有擇；若是不聞好歹，必無條件的移植過來，豈非人家飲鴆，你也隨著服毒，可憐可笑孰甚！」

近些年，文學界的張煒、張承志、史鐵生等高舉道德旗幟提出重建道德秩序，整個文化界也在深入探討人文精神，提出知識份子應有良知應有信仰，一句話應有一種精神，並以此爲出發點，救助整個民族的「精神飢荒」。

梁啓超說：中國人向來喜歡高呼，要知識脫貧，要和知識飢荒作鬥爭，「卻不曉得還有一個非常要緊的『精神飢荒』在那邊」。「中國這種飢荒，都鬧到極點。」

所以早在二十年代梁啓超在東南大學的講演中就說：「無精神生活的人，知識愈多，痛苦愈甚；作歹事的本領也增多。」他認爲「東方的學問，以精神爲出發點，西方的學問，以物質爲出發點。救知識飢荒，在西方找材料；救精神飢荒，在東方找材料。」他認爲救精神飢荒的方法有兩點基本的，其一，不讓物質欲望左右自己，保持自己的精神自由；其二，樹立高尚而美滿的人生觀，保持自己的人格獨立，不爲外界所動。

自由是人對物質世界與精神世界的征服，它標誌著人在客觀主觀世界中的主動程度。所以眞正自由的人，應是物質與精神雙富有的人。知識富裕而精神飢荒的人無以談自由，精神富裕而知識貧乏的人尙生活於自欺欺人之境地，同樣談不上自由。

由此，梁啓超提出：「爲學的首要，是救精神飢荒。」

四十爲何「不惑」？

孔子說：「三十而立，四十而不惑」，又說「知者不惑」，可見，所謂「不惑」是因其「知」。

知從何來？從學，是故學而知之，非生而知之。學有自學和到學校求學，其實不論在何處均爲自學，只不過在學校是師長指教而已。

人從出生即開始學習，學說話、學走路、學幫大人做事，而學的根本目的即長大成人，亦梁啓超所說的「做人」。人從出生學到四十歲，當然知識積累越來越豐富，自然可能不感到「惑」。

何謂「不惑」？

不惑是人生之一境界，不惑不純粹是指知識積累多，亦是一種精神存在。所以，梁啓超說，學爲做人，做人的首要條件即不惑，但不惑並非單指知識的多少，而是人的一種精神能力，其中「最要緊的是養成我們的判斷力」。

梁啓超認爲「判斷力」可分爲三個不同的層次，這三種層次實際上是人生的三種境界，對判斷力的「求學」，同樣得分三個步驟。

人生於世首先得學會說話，學會分辨方向，到校求學，得從識字開始，即如昔日念書，也從《百家姓》、《三字經》開始發蒙。然後學習日常生活的基本知識，這時人便分別出人與其他動物之區別，便具備一定的思考能力等等。像在中學，開設數十門課程，從培養語言及思辨素質的語文、數學，到學習微觀世界的化學、生物，到瞭解中外古今歷史發展及各國各區地域分佈的歷史、地理等等，這時學生便對天下萬物有了些基本的認識，爲升大學成爲專門人才奠定了基礎。這時人開始「不惑」了，開始明白事理了。

所以梁啓超所談的爲學而做人須首先不惑，其不惑所需要的判斷力之培養，首先就得有相當的常識。「假如一個人連常識都沒有，聽見打雷，說是雷公發威；看見月蝕，說是蛤蟆貪嘴。那麼鬧到什麼事都沒有主意，碰著一點疑難問題，就靠求神問卜看相算命去解決」（梁啓超語），那麼這種人我們稱之爲蒙昧而未開化的人，便談不上不惑了。

具有一般常識，只能說可以在社會上生存，卻不能說是個自由的人。所謂自由人就是在某領域具有相當的支配自己的能力，人對某一領域起到了一定的征服能力，而人要在某一領域具有相當的支配自己的能力，便必須具有某一領域的知識，所以梁啓超所說「不惑」的第二個層次，便是必須有一定的專門知識。

《三字經》中說：「教之道，貴以專。」你知道了汽車比馬跑得快只能說明你具備一定的常識，但如果你具有關於汽車的專門知識，就比一般人更瞭解汽車的性能及零件，並能讓其爲人類服務，你在汽車面前就顯得從容自由了。所以，學有所專是不惑的更高層次。

然而，學有所專仍不是「不惑」的最高層次，不是不惑人生的最高境界，要眞正達到不惑，不僅需要基本的常識和專門的學問，還必須有應變人事變化的能力，而這種能力只憑著一點小聰明是遠遠不夠的，而要靠人的總體的智慧。

聰明只能應付部分事物，故有小聰明之稱，而智慧是人對變化多端的社會及自然界的根本性判斷，故曰大智慧。

宇宙瞬息萬變，只有一些常識當然無以自由，有了專門的知識也只能應付你學過的內容，一旦情況變了，卻不會觸類旁通，不會分析類比，仍解決不了問題。所以智慧的人不僅具有廣博的知識，還有專門的學問，更有推理研究宇宙的綜合素質，只有具備了智慧，人方能達到眞正的自由，人方能達到眞正的不惑，才會眞正體會不惑這種人生的境界。

因此，在梁啓超看來，常識、專門的知識以及總體的智慧均是學校知識教育的要件，「目的是教人做到知者不惑」。

當然，知不應只包括對自然界的知，也包括對社會人生的知。

仁者不憂

據說有位天文學家在計算地球年齡時，因計算失誤以爲地球在三年之內即自炸毀滅，於是他開始抑鬱寡歡，整天沒精打采，終於患了精神病，最後跳樓自殺。

巴爾扎克筆下有個吝嗇鬼葛朗台，占有金錢斂聚財富成了他唯一的嗜好，他整天想方設法謀求財產，有了財產又擔心別人搶去，整天憂心忡忡，度日如年，在病重期間還不斷敎自己的女兒如何賺取更大的利潤，即使到了彌留之際，仍念念不忘自己積累一生的金錢，讓女兒把珍珠黃金全拿到自己眼前。葛朗台可謂愛財愛到變態不近人情的程度，他的死亦可謂憂鬱而死。

天文學家必有普通常識又有天文學方面的專門知識，更有透視人生宇宙之智慧，可謂不惑，爲何仍憂鬱成疾，最終發瘋呢？葛朗台吃喝不愁，他的人生目的可以說也達到了，爲何還是那麼憂鬱呢？

可見，他們的人格修養有問題，他們尙未學會「做人」。

梁啓超認爲人類的心理有知、情、意三部分，教育應相應地分作知育、情育、意育三個方面。中國先哲把知、情、意命名爲「三達德」——智、仁、勇。所謂「達德」，即是說智、仁、勇是人類普遍的道德標準，「這三件具備才能成一個人」。人達到智、仁、勇的狀態就孔子所說的「知者不惑，仁者不憂，勇者不懼」。知育的目的是讓人「不惑」，而情育的目的是讓人不憂。

何謂「仁者不憂」？如何才能不憂？

「仁」包含了儒家人生觀的全部，孔子說：「仁者人也」。用通俗的話說，只有達到仁的境界才能稱得上人，所以，「仁」可以說是「普遍人格之實現」

（梁啓超語），人格完成就叫「仁」。

梁啓超反對那種不同時代有不同人格的說法，他講的人格是具有普遍意義的，因爲「人格不是單獨一個人可以表現的，要從人和人的關係上看出來」。「彼我交感互發，成爲一體，然後我的人格才能實現」。因此，講到人格主義，「當然歸宿到普遍人格」。

爲什麼人格完全者即「仁者」就不憂呢？

在〈爲學與做人〉演講中，梁啓超指出：「大凡憂之所從來，不外兩端，一曰憂成敗，一曰憂得失。」前面舉例的那位天文學家之所以憂，是因爲他過於貪生，憂生命之存留，而葛朗台憂的是財富金錢的得與失，憂的是他守財的成功與失敗，所以他得訓練自己的女兒歐也妮學會管帳、學會收錢等等。

梁啓超認爲，學生透過學習，獲取了「仁」的人格，即不會憂失敗。因爲學生透過學習，便可以「知道宇宙和人生是永遠不會圓滿的」，「我們所做的事，不過在宇宙進化幾萬萬里的長途中，往前挪一寸、兩寸，哪裡配說成功呢？然則不做怎麼樣呢？不做便連這一寸、兩寸都不往前挪，那可眞正失敗了。」但人要生存，就必須工作必須創造，「『仁者』看透這種道理，信得過只有不做事才算失敗，凡做事便不會失敗。」既然如此，也就沒有什麼成敗可憂了。

有了健全的人格，也不會去憂得失。只有認爲這是你的那是我的，或者我該得到什麼，才會憂得失。天下萬物，生不可帶來，死不可帶走，只要生活於世，只有努力創造生命才有意義，就是人自身離開了他人便無以生存，什麼是你的什麼是我的分得清嗎？世界永遠不存在專爲某個人而存在的東西，所以人作爲單個的個體，既談不上擁有，也談不上失去，因此也就沒有得失之憂。

梁啓超極力主張「天地與我並生，而萬物與我爲一」；具有這種人格修養的人的生活，「純然是趣味化藝術化」。造就這種人格的教育即「情育」，這種情感教育的目的是「教人做到仁者不憂」。

勇者不懼

據一家報紙報導，我國中學生身體素質令人憂慮。身體素質差造成了他們意志薄弱，感情思想承受力嚴重欠缺。他們變得膽小怕事、性格脆弱、懦弱，嚴重地阻礙著他們的健康成長。

學生們爲什麼會變得如此脆弱？首先，他們把成績、愛情和他們的尊嚴聯繫起來，但他們不敢公開承認這一點，於是怕別人對他們產生看法，會影響到他們在別人心目中的地位；其次，他們總希望自己的成績比別人好，並以此自認爲比別人聰明等等，其實這是一種不健康的欲望，明明不如別人卻希望別人說他好，這樣的心理已不夠明朗公開，呈現在別人面前，又不夠坦誠，連他們本人也怕就不足爲奇了。這同樣是如何做人的問題。

培養人的意志，強化人的承受力，其教育即意育。孔子說：「勇而不懼」。梁啓超認爲，有了不惑不憂的工夫，仍不能說就完成了人格的修養，因爲「一個人若是意志力薄弱，即便有很豐富的智識，臨時也會用不著；即便有很優美的情操，臨時也會變了卦。」意志脆弱的人就會處變而驚，處驚而亂，就會變節。而意志堅強的人卻會處變不驚，便會遇事不懼。

怎樣才能做到不懼呢？

要做到不懼，保持相當的勇氣，首先「需要從一切行爲可以公開做起」，其次要不爲劣等欲望所牽制。」

一切行爲公開，就不怕別人說三道四，就不怕別人背後使壞。有些因考試而輕生的學生，因受教師批評而出走的學生，均是因爲心中存有不能公開的想法，即怕別人瞧不起自己，越怕越痛苦，越想就越怕，最後只有靠出走、自殺了卻這一恐懼了。

人一旦爲劣等欲望所牽制，就不可能談自由了，見物貪物，見名想爭名，見錢想搶錢，既貪物就怕別人和自己爭，既爭名就怕別人來奪，時時擔心別人，天天生活於恐懼之中，談什麼人生之境界呢？「意志磨練得到家，自然是看著自己應做的事，一點也不遲疑。」、「這樣才算頂天立地做一世人，絕不會有藏頭躲尾左支右絀的醜態。」梁啓超認爲不懼同樣爲人生之境界，而意育的目的，便是「教人做到勇者不懼」。

完整的教育應是知育、情育、意育俱全的教育，受教育而做人並不斷走向人格的完善，就須做到不惑、不憂、不懼，而人一旦不惑、不憂、不懼，便可享受到精神自由之境界。

當今社會，對人的品格要求越來越高，不僅要有超群的智慧，而且需要有高尙的人格，同時還需要有一定的精神境界，只有這樣，生活於世方能得心應手，方能做一個自由而又能實現自我價值的人。

科學與人

人類社會越發展，科學成果的積累也越多，科學和人的日常生活的聯繫也越來越複雜。現在許多報紙闢有電腦、汽車專版，電腦、汽車逐漸進入家庭，人們要掌握它們就需要相應的科學知識。

但任何事物都有兩面性，人們利用科學來服務於己，也利用科學來爲他人謀福利，但同時也可以用科學來犯罪，在許多引進的美國影片中，罪犯總是巧妙地利用種種科學知識給人們製造痲煩，使科學的生存走向了它自身的反面。

人獲得科學知識，本來是對人自身品格的豐富，在對人的教育中，科學知識教育屬於知育範疇，其目的在於讓人「不惑」。但不惑並不是人生的最高追求，不惑雖是人生一境界，但它是較低層次的，它是人建構健全人格品位的基礎。而人一旦沒有無憂無懼的精神品格，「不惑」也變得毫無意義。所以，做人的關鍵不在「知」，而在於其精神追求。

那些利用科學來犯罪的人往往是那些具有深厚科學知識修養的人，甚至在某些尖端方面達到了別人尚未達到的高度。所以梁啓超說：「你如果做成一個人，智識自然是越多越好；你如果做不成一個人，智識卻是越多越壞。」並舉例說，人們痛罵的像李鴻章、袁世凱這樣的賣國賊，卻是很有學問的人，全國人民所痛恨的官僚政客，都是一些讀過書在人們想像中該是知書達禮的人，但他們又該如何呢?梁啓超所謂的「做成一個人」或「做不成一個人」是就知、情、意是否兼具而言，所謂「做成一個人」意指那些不惑、不憂、不懼的人格修養健全的人。

但人有人自身的弱點，稍不留意便會墮落。

兩個相親相愛的戀人突然反目成仇，或者其中一個感到兩人無法走到一塊兒而提出分手，而另一個並不因愛而憐惜對方，並不具備「既然愛過又何必擁有」這樣的精神修養，而是充分利用課堂裡所學的那點關於硫酸的膚淺知識，用硫酸潑向戀人，毀人面目，達到復仇的目的，科學由此而受到踐踏。

屈原曾面對蕭條污濁的青草感嘆道，那些青翠而清香的花草，爲什麼會變得一文不值了呢？那是因爲世人只知觀賞而不知修剪的緣故啊！「何昔日之芳草兮，今直爲此蕭艾也！豈其有他故兮，莫如修之害也。」「科學不但應用於求智識，還要用來做自己人格修養的工具」（梁啓超語）。

所以，要保持高潔人格，要使自己的令人不惑的知識爲人類造福，必須不斷修煉自己。對待科學，亦當如是。

還是聽聽梁啓超的諄諄告誡：「養足你的根本智慧，體驗出你的人格人生觀，保護好你的自由意識」，那樣，你必能「做成一個人」。

百無一用是書生

趙奢是趙國著名的將領，善用兵能打仗，他的兒子趙括從小跟隨著他，但不善實地觀察，卻只捧著兵書不放，談起用兵之法有條有理，就是趙奢也談不過他。但趙奢卻暗暗爲趙括擔心，與人提起兒子趙括，他總說：「將來趙國不讓趙括帶兵亦就罷了，若要趙括帶兵趙國的命運令人擔憂。」

西元前二六二年，秦軍與趙軍對峙於長平，當時趙奢已死，趙國只好令年紀很大的廉頗坐陣。後來趙國連連失利，廉頗改變戰略，堅壁不出，戰爭整整拖了三年，秦國軍隊厭戰情緒滋生，給養也日益困難，便派人到趙國散佈流言，說：「秦國誰都不怕，就怕趙括領兵打仗。」

謠言傳到趙孝成王那裡，他正在爲戰爭毫無進展而憂慮，聽到謠傳便決定起用趙括，藺相如苦勸，連趙括的母親也上書趙王，說趙括只會紙上談兵，但趙王不聽，堅持讓趙括換下了廉頗。

趙括到了前線之後，便改守爲攻，換了不少將官，一時軍心惶惶，秦國將領白起聽說這些情況後，感到進攻的時候到了，便夜間派出奇兵偷襲趙營，然後佯作敗走，切斷趙軍的糧道。趙括不知其計，領兵猛追，中了埋伏，趙國四十萬大軍被團團圍住，趙括在突圍時也戰死沙場，長平之戰以趙國四十萬軍隊覆滅而結束。

《史記》中的這則故事永遠警示著歷代讀書人要深入實踐，學以致用，不可把書讀成教條，只會紙上談兵。

歷史上有關書呆子的記載不勝枚舉，而現在書呆子卻又越來越多。

前些年的一些電影、小說，多描寫那些愛讀書的人在生活中鬧笑話，觀衆、讀者是抱著讚揚肯定的心態去看，編劇、作家是抱著欽佩的感情去寫，似乎讀書不讀呆就不能算讀書一樣。那麼在現實生活中的書呆子情形又如何呢？他們只搬書本，卻不知道如何把書本知識用於實踐，他們把書上寫的看作教條，而不知道在具體實踐中需要變通，甚至連起碼的待人接物也不懂，幾乎變成了生活中的低能兒。

梁啓超說：在求智識的時候，不要忘了對作學問的方法的掌握，不要忘了修養，要多在實際中磨練，包括朋友間相處的方法乃至一切接人待物，均需要去學習揣摩。

梁啓超在清華大學教書時，常有學生到他那裡請教學問，而他談更多的卻是作學問的方法，他勸學生不要把學校看作單純的求知識的「雜貨店」，應把學校看成一個大社會，尤其要培養自己的人格，這人格自然包括知識積累，但也包括社會使命感、道德感等等。

當時有的學生只想以科學救國，以為掌握了科學知識便可以說是愛國了，有的學生求知識只爲自己安身立命，不曾想到在實際生活中爲人類作些什麼，還有的學生面對道德淪喪痛心疾首，卻感到自己勢單力薄，不可能有所作爲，乾脆躲到書齋讀自己的書。梁啓超告誡學生們說，首先不能紙上談兵而不去救助社會。其次要務本，即掌握科學的方法，而不應在一點一滴上去下片面的功夫。同時要有強烈的社會責任感，不要以爲自己勢單力薄就不去努力，應從一點一滴做起，能影響一個人是一個人，能修煉一個人也就成功了一個人。而梁啓超利用和學生交往的各種機會，勸誡學生既要深入鑽研學問又要走出校門，救助社會、改造社會。

從我做起，從自己做起，然後去影響別人，從而改造社會。梁啓超給做學問、做人總結出兩點，即「做人的方法：在社會上造成一種不逐時流的新人」；「做學問的方法：在學術界上造成一種適應新潮的國學」。

只有這樣，讀書方爲不呆，只有這樣，書生方爲有用。

綜合素質

什麼是人才？人才是那些有著廣博的知識，同時又有著紮實的專業知識，還有相當的事業心、進取心和高尚的人格修養的人，亦即素質高的人。

眞正懂得人才學的幹部到人才市場找人才，是找那些素質好、基礎知識紮實而且有事業心的人。那種急功近利，只想學得某種技能謀職的人，往往沒有什麼前途。他們求學放棄了那些帶根本性的理論問題，放棄了基本的東西，更放棄了對自己做人做學問的品格修養。這種人往往給人一種能很快適應工作的印象，但缺乏後勁，且最終落伍。

什麼是素質？素質是那些帶有根本性的技能和理論，以及帶有根本性的人生追求意識。素質是多方面的，有思想素質、業務素質、理論素質，而更爲根本的是精神素質，即精神境界。所以，素質又可理解爲境界，業務素質高即指你的業務達到了一定的境界，如同庖丁解牛能夠游刃有餘一樣。

所有境界，唯有高的精神境界不易達到。有的人滿腹詩書，卻仍是雞腸狗肚小人嘴臉，故仍是素質低劣。

然而光有高潔的精神境界，有相當的人格素養還是不行，光講自我完善道德修養而不深入社會付諸實踐，乃是自我逍遙。只有具備了相當的社會使命感才能稱爲素質高，亦即梁啓超所說的不憂與不懼。

梁啓超所說求學是爲做人，做人須不惑、不憂、不懼，方能達到人的眞境界，而我們常說的綜合素質意思即在於此。

有知識、有智慧可以讓人有所作爲，無憂、無懼讓人有高深的人格追求，這樣才能善於應變世事，而又保持自己的精神追求。

實際上，在現實生活中，我們說的綜合素質就是綜合能力，要求人有所專長，又有各方面的能力，尤其是社會實踐能力。在生活中，綜合素質一般是相對於專業素質而言。因爲社會對人的要求是多方面的，所以人要生活於世，不僅要有安身立命的專業知識、專業技能，而且需要有多方面的技能。

這就像梁啓超所說的「不惑」那樣，人要不惑，首先要有常識，然後需要有專業學問，同時要有歸納推理等思辨智慧，而常識僅可以把人和其他動物區別開來，卻不能讓人作爲安身立命之憑據，所以除了有智慧及有專門的學問外，還應有各種各樣適應社會需要的生存本領，這就是生活中的綜合素質。

衡量一個人，應該看他的綜合素質，綜合素質高的人，往往是可以主宰自己的人。

敬業與樂業

我想天下第一等苦人，莫過於無業遊民，終日閒遊浪蕩，不知把自己的身子和心子擺在哪裡才好，他們的日子真難過。第二等苦人，便是厭惡自己本業的人，這件事分明不能不做，卻滿肚子裡不願意做，不願意做逃得了嗎？到底不能，結果還是皺著眉頭哭喪著臉去做，這不是專門自己替自己開玩笑嗎？

——梁啟超《敬業與樂業》

做自己不願做的事，是痛苦的，那無異變成了工作的奴隸，也變成了自己的奴隸。

熱愛自己的工作首先是出於一種責任心，其次是出於一種事業心，再其次是出於一種成就感，尤其是成就感，是工作的強大動力。

熱愛自己的工作即熱愛自己，因爲你在工作時總試圖按照你自己的理解、愛好、心境來設計工作的，在它們身上體現著你的教養和素質，體現著你的理想。

人不可一日無事

有一則笑話，說古時候有個懶漢，其懶無人能比，整天無所事事，過著飯來張口衣來伸手的生活，後來乾脆連床也不起了，這樣便又免去了兩件事：穿衣和盛飯，躺在床上讓妻子餵他飯吃。有一天妻子要回娘家，怕他在家挨餓，便讓他一同去，他卻說懶得動，妻子娘家有事，這次回去需要住上幾天，只好給他烙了個如石盤那般大的饃，他懶得動手上廚房拿怎麼辦？妻子只好把饃中間挖開，掛到他的脖子上，讓他邊吃邊轉動饃，一天吃一些，剛好可以吃到妻子回家。妻子心安理得地走了，十幾天後回到家，發現丈夫已死在床上，掛在他脖子上的饃，僅只吃了一個豁口，原來他只吃了一角，之後因懶得轉動竟躺在床上活活餓死了。

這位懶到如此程度的人，可以說是懶人世界之最了。

孔子有教無類，認爲什麼人都可以透過教育而走上正路，唯獨對懶漢無計可施，「飽食終日，無所用心，難矣哉！」對那些飽食終生無所事事的人他感到無法教育，認爲這種人是不可雕成有用之材的朽木，是無法繪出圖畫的用糞土糊成的泥牆，謂之無可救藥。

梁啓超有句口號，叫作「百行業爲先，萬惡懶爲首」，認爲不務正業的人，「簡直是社會上蛀米蟲」，是掠奪別人勤勞果實的盜賊。

唐代的名僧百丈禪師，常常勸導弟子要勤勉勞動，並立下規矩：「一日不作，一日不食。」自己身體力行，每天除了給弟子講佛經外，還自己動手掃地抹桌整理廟宇，數十年如一日。有一天他的弟子惜他年老體弱，幫忙做了原本應該他做的事，這位老禪師並不以「下不爲例」而壞了規矩，自己主動絕食一天，他的弟子也深受感染，以後自便更加勤奮了。

梁啓超經常用這位唐代名僧的故事勸勉學生，並告誡學生「人人都要有正當職業，人人都要不斷的勞作。」

人不可一日無事，天不可一天無日。人一天不做事不行，天一天不出太陽便全是黑夜。恩格斯說：勞動創造人本身。勞動使人和動物區分開來，勞動促進了人自身的進化，人的本質是勞動。

對一個民族來說，懶是民族落後最本質的根源；對一個社會來說，懶是社會不穩定的根源；對一個人來說，懶是一切惡習、一切卑劣思想和行爲的根源。人一旦懶，便產生貪小便宜的想法，一旦懶，爲求生存必行竊偷盜。懶總和貪相連，懶本身也是一種貪，因爲他怕出力氣，把力氣蓄著而占有別人勞動成果。俗話說：「男人太貪必作賊，女人太貪必養漢。」故無論男人、女人，千萬別與貪懶之人爲伍，那無疑是引狼入室。

懶人一般自甘墮落，反而嘲笑那些勤勞之人，他們崇尚那種不勞而獲——懶漢行竊自是想不勞而獲，懶女墮落自然看準的是男人口袋裡的錢。

所以對待懶漢，得用梁啓超所給的辦法：「要徹底討伐，萬不能容赦的。」

職業無貴賤

日前到一個朋友家中作客，談起他的生意，他竟感慨萬千，認爲做生意太下賤，進貨求人，賣貨求人，顧客來了，不管你心境如何你都得陪著笑臉，如果心境影響了顧客，生意就要受到損失，我本來是去問他做生意之道，誰知道他竟苦訴了一大堆。而且他聲明：凡做生意者，除了有後台者外，專靠自己打天下的人均有一種下賤感，也因此，賺了錢就去揮金如土，充當一次老爺，以求得心理平衡。

不久前，新聞界幾個朋友聚會，其中一位女士大談當一名記者實在下賤，她稱記者爲丫鬟，爲當官的服務，爲企業家服務，爲名人服務，漸漸地沒有了一點性格，而且最後隨波逐流。

社會上流行著這樣一句話：「做一行，怨一行」。幾位朋友談自己的工作低賤，無非是說爲別人服務、侍候他人。實際上這種想法差矣！

凡做事，均不可能全是爲己，如果全是爲己，大可不必談什麼貴賤價値。每個人做事，都在無形中爲社會做貢獻，有的是直接的，有的是間接的。人所處的社會本身就是我爲人人，人人爲我的社會，連自己都是社會一份子，談什麼爲自己服務，爲他人服務呢？

梁啓超認爲，職業無貴賤，對待職業的正確態度是「敬」，是敬業，而不應是厭業惡業。他說：「人類一面爲生活而勞動，一面也是爲勞動而生活。人類既不是上帝特地製來充當消化麵包的機器，自然該各人因自己的地位和才力，認定一件事去做。凡可以名爲一件事的，其性質都是可敬。」

認爲服務人的職業下賤，無非是想當老爺的思想在作祟，其實誰會把你當作大老爺來敬奉呢？現在個性解放，自主意識增強，只有互相敬重才能達到互相愛戴。總想高人一等，指揮別人，只能令人生厭。

再說求人。現在社會勞動工業化程度越來越高，社會分工越來越細，哪一行業均離不得，沒有清潔工，環境污染便會嚴重到人類無法生存，沒有護士，醫生的工作便無法進行。有哪一種職業不求人呢？醫生還要求護士幫助，政府還要求商人繁榮市場。即使科研工作者，還要求農民爲其生產糧食，工人爲其生產儀器，但他們研究的科研成果，又反過來爲大家服務。

只要勞動，只要有職業，既要爲他人服務，又處於求人之中。

所以，梁啓超說：「事的名稱，從俗人眼裡看來有高下，事的性質，從學理上解剖起來並沒有高下。」

工作無貴賤，只有分工的不同，而分工便是根據一個人的志趣才能而定的。你的理性思維很差，不管你認爲數學家多麼了不起，你也當不了。你的形象思維不理想，即使你想當作家也不可能。對待職業的態度應該是量力而行。「總之人生在世是要天天勞作的，勞作便是功德，不勞作便是罪惡」（梁啓超語）。

當然，分工不排除環境的局限，環境有自然環境、歷史環境，生活於崇山峻嶺之中，無法選擇漂流運動員的職業。生活於秦始皇時代，無法成爲一名電視機的修理工。但不管環境如何，能夠「因自己的才能境地做一種勞作做到圓滿，便是天地間第一等人」。

如何才能把一種勞作做到圓滿呢？梁啓超說：「唯一的秘訣就是忠實，忠實從心理上發出來的便是敬。」他認爲，「大家同是替社會做事，你不必羨慕我，我不必羨慕你。怕的是我這件事做得不妥當，便對不起這一天裡頭所吃的飯。」那種把職業視作自己生命之一部分，對每一件事都以認眞心態對待的人，梁啓超認爲這種人便視職業爲神聖的人，稱這種人爲敬業之人。

行行出狀元

社會上舉辦的各種比賽牽涉到各行各業，譬如評選打字最快的打字員，評選數鈔最快的出納員，連印刷廠的校對也有世界校字大王產生，這便是所謂職業無貴賤，行行出狀元。

許多人不愛自己的職業倒不是因爲嫌其低賤，嫌爲人抬轎子，而是認爲自己所從事的職業太輕微，做不出驚天動地的事情，不可能有所作爲，像曾國藩所說的「坐這山，望那山，一事無成。」其實既然職業無貴賤便無法分出大小，只要努力，同樣能做出業績。

有人問梁啓超，拉黃包車好呢？還是當總統好？梁啓超說，拉黃包車和當總統無所謂好壞，至於你想做什麼，想當總統還是想拉黃包車，應視自己的愛好與能力，同時還要看環境。他認爲「只要當大總統的人信得過我可以當大總統才去當，實實在在把總統當作一件正經事來做；拉黃包車的人信得過我可以拉黃包車才去拉，實實在在把拉車當作一件正經事來做，便是人生合理的生活。」

武漢鋼鐵公司一位工人，在車床上做了幾十年，最後摸索出一套操作技巧，寫成書，成了職工們進廠的必修課本，同時他刻苦鑽研，改進技術，作了一系列的發明。圓珠筆的創造發明是由一個造鋼筆的工人來完成的。人們用了幾十年的圓形鉛筆，朝桌子上一放便亂滾，有時不小心滾到地下，將筆芯摔斷，但誰也沒有想到如何來解決這個問題，是一位造鉛筆的工人提出把圓形改爲六邊形，鉛筆放到桌上再也不亂滾。現在這些小發明看起來似乎十分簡單，但人們卻花了幾十年，最後由一些敬業精神十分強的工人設計發明。這就是敬業給工作帶來的積極作用。

劉備勸劉禪勿以惡小而爲之，勿以善小而不爲。實際上，世上事無巨細，不敬業，不動腦，從事什麼職業均爲無所作爲，而勤動腦，肯下苦功夫，在什麼崗位上均可以做出成績來。所以，要想成就一番事業，首先得熱愛自己的工作，同時要下功夫在前人積累的成就之基礎上有所突破。每個人都有掃地做清潔的經驗，但僅重複其動作而已，用現成的工具清掃現成的灰塵垃圾，卻不曾想到如何清除因掃地而飛揚的灰塵，後來人們用灑水的辦法解決，但灑水有個缺點，即有可能更掃不乾淨，怎麼辦？前人提供給後人做清潔的辦法只有這些，要有所作為就該對人類有所新貢獻，於是有人在前人的基礎上發明了吸塵器，不僅方便，而且解決了許多問題，所以做清潔工也可以為人類做大貢獻。

其次，要有所作為，除了專業知識外，還應具備相應的文化素養，只有學會觸類旁通，方可創造發明，也就可以成為當行的狀元。

當然，想做一番事業也有個過程，林肯當過商品推銷員，當過律師，一步一步走入政壇，成為美國歷史上傑出的總統。

有大志且付諸實踐，有堅定的自信，又有紮實的知識，熱心自己所從事的工作，必成社會有用之才，所以每個人都可以成為狀元。

快樂的由來

《列子》中「愚公移山」的故事幾乎人人皆知。太行、王屋二山，方圓有七百餘里，本來在冀州之南河陽之北，北山有位愚公，已有九十歲，面山而住。兩座大山擋住了他出山之路，愚公便率領子女開掘山石，決心把山搬走，智叟認爲這舉動令人好笑，認爲愚公的想法絕不可能實現，但愚公卻不予理會，仍然挖土挑石不止。

愚公爲何要搬山呢？因爲山擋住了他家的去路，必須搬。搬山或許不是樂事，但投入其中，看到山一寸寸被移走，心中便湧出一種勝利者的自豪來。

這情景或許就是梁啓超所說的樂業的第一個因由。看到自己的成果，有一種成就感，是故敬業然後樂業。

作家寫小說，一篇作品寫成後感到有了成就，而後再構思另一部作品，這樣一步步奮鬥下去，自己的創作一步步成熟起來，每到一個高度便領略一次成功的快樂，然後再向另一個高度進軍，從成功中得到快樂，從刻苦奮鬥中得到快樂，此爲敬業而得到的第二種快樂。梁啓超說：「職業之成就，離不了奮鬥；一步一步的奮鬥前去，從刻苦中得到快樂，快樂的分量也在加增。」

從事某種職業，不可能只有一個、兩個人，而是一個群體，既有一個群體從事某種職業，工作的成績便常被人拿來比較，連國與國之間，民族與民族之間，用不同語言以不同思維方式操作的文學都可以拿來比較，並由此產生了比較文學，其他行業更不用說存在比較了。有比較就有競爭，而在競爭中人變得異常興奮，創造力也得到極大發揮，人也就會非常快樂，這種由敬業而得到的快樂，被梁啓超專列爲「樂業」之一種。

醫生動手術時須排除一切雜念，作家寫作須有一個安靜的可以讓人專心致志的環境。小澤眞爾說，聽阿炳的「二泉映月」需要跪著聽，大指揮家四明一風教他兒子欣賞音樂時，要把燈關掉，靜靜地坐在那裡，把眼睛閉著，讓全部的身心沉入音樂的海洋之中。這都是爲了排除干擾，將自己溶進另一種精神境界。敬業可以讓人入迷，讓人如醉如痴，不再受別樣思想干擾。人生於世，有這種精神境界，實爲一大樂事。所以梁啓超把這種沉入職業享受視爲敬業之快樂。並認爲

「這種生活，眞算得人類理想的生活了。」

敬業有這麼多快樂，均是由責任心而來，無怪梁啓超說：「凡職業都是有趣味的，只要你肯繼續做下去，趣味自然會發生。」

勞動讓人長壽

傳說有位熱愛人生的醫生被神告知他只能有兩年的壽命了，這位醫生整天擔憂，像得了重病一樣。他找到一位牧師，問如何才能讓這兩年的時間過得慢一些，牧師告訴他：最好讓人把你關到牢房裡。醫生依牧師的話，讓人把他關進牢房，他在鐵窗下看著窗外活躍的人群，度日如年，不到半年他便感覺不想活了，又過了一個多月他便憂鬱而死。

不勞動的人自然生出無限的寂寞，而這寂寞催人早衰，讓人不於人世。

有位橋樑建築師被診斷得了胃癌，動術後發現癌細胞已擴散，他開始感到有些壯志未酬，因爲他設計的橋樑正在施工之中，不覺有些沮喪，甚至想自殺。朋友們勸他，既然視死如歸，倒不如把有限的時間全部投入工作，在生命的最後時刻看到自己的成功。於是他整天泡在工地，並積極培養年輕的技術人員，他不再感到時間難挨了，而是感到時間遠遠不夠用，再也不去想他的病。看著橋漸漸架起，他激動萬分，醫生說的大限早已過去，也不見死亡降臨，他索性睡在工地，白天黑夜地工作，奇怪的是他的癌症漸漸消失了。醫生也感到莫名其妙，最後把他生命的重新獲得歸結到他的勞動和情緒。這個故事聽起來有些神奇，但生命就是要一點精神的。精神何來？路有千條，勞動一也。

梁啓超說天下第一等苦人莫過於無業遊民，他們終日漂蕩，不知把自己放到哪裡才好，精神無所寄託，整天憂鬱，像無家可歸的遊子，人生沒有目標，度日如年，如何不會迅速衰老呢？所以，不勞動易導致早衰早逝。

梁啓超還說天下第二等苦人是厭惡自己本業的人，這種人自己跟自己過不去，不愛自己從事的職業，但又必須去做，所以會焦躁、煩惱，這種人處於這樣的環境，永遠沒有一個好的性情。不愛自己的工作，便不會用心去做，而和同行比較起來，別人做得卓有成效，受到大家的尊重，而他必然生出無名的沒趣，有的還生出不應有的嫉妒心。有的雖不嫉妒，但自然會感到落寞，這種種情緒均是不健康的情緒，會影響一個人的工作和生活，而據心理學家說，生活於一種不健康情緒的人也必早衰早逝。

人長壽有兩個基本條件，即運動和心緒，俗話說，生命在於運動，又說，人活一口氣，人就活個心情。所以多活動、心情好是長壽的必備條件。而勞動本身即讓人得到筋骨或大腦的運動，同時勞動還可以得到不少的趣味。所以勞動可以讓人身體得到舒展，心情得到放鬆，得到那麼多的快樂，因此青年作家劉醒龍說：「生命即勞動」。

梁啓超極力主張人應有份正當的職業，並認爲是業即該敬，敬業必會樂業，因爲那樣人的情感有所寄託，人的價值得以實現，在從事職業的過程中又有著無限的趣味。而梁啓超本人終生勤奮，他充分享受到了人生之快樂。

趣味的意義

凡人必常常生活於趣味之中，生活才有價值。若哭喪著臉挨過幾十年，那麼，生命便成沙漠，要來何用？

我覺得天下萬事萬物都有趣味，我只嫌二十四點鐘不能擴充到四十八點，不夠我享用。我一年到頭不肯歇息，問我忙什麼？忙的是我的趣味。我以為這便是人生最合理的生活，我常常想運動別人也學我這樣生活。

我是個主張趣味主義的人：倘若用化學化分「梁啟超」這件東西，把裡頭所含一種原素名叫「趣味」的抽出來，只怕所剩下僅有個零了。

——梁啟超《學問之趣味》

世上有趣事也有趣人，趣事令人快樂，趣人令人親近。世上有閒適人生，有雅緻人生，那其實都是趣味人生。

刻板的人不知何爲趣味；狹隘的人不知何爲趣味；工於心計、整天對他人算計的人難嘗趣味。趣味總和開朗、坦誠、曠達的胸襟相聯，私心太重、自尊到神經質的人更與趣味無緣。

趣味即是一種詩意，趣味濃厚的人往往是有著濃厚詩人氣質的人，在趣味中生活是有詩意的生活，趣味人生是詩化人生。

趣味屬於人的精神領域的一種享受，它是人對物質世界的一種應答方式，故也是人的一種生存方式，它帶有極大程度的非物質性，它是人脫離世俗世界後的一種精神境界。

何爲「趣味」

從字面上看，所謂「趣味」，指那些「使人愉快、使人感到有意思有吸引力的特性」，趣味人生即讓人愉快，讓人想到有興味的人生。

不同的人有不同的趣味，有的人認爲閉門讀書的生活單調刻板，有的人卻認爲這種生活既「無絲竹之亂耳」，又無「案牘之勞形」，津津有味。有的人喜愛運動，三天不打球便感到悵然若失，有人酷喜養花，養它幾十盆花，早上搬出，遇雨搬進，天晴再匆匆搬到陽台上，外出又擔心家裡人忘了給花澆水，一朵牡丹被小孩弄壞心痛得像丟了什麼寶貝，他就在惜花憐花的過程中，過著趣味橫生的生活。

人們的趣味不同，是因爲人們有不同的喜好，說得嚴肅一點，是因爲人們有著各不相同的世界觀、價值觀。崇尚理性的人總以讀書爲樂，以能夠獲取理性的力量爲趣，愛想像的人總以音樂、美術爲趣。人們崇尚不同，愛好不同，趣味便不相同。

然而，不論人與人之間的趣味有多大的差別，人們對某種活動、某種事情是否會有趣味，與這種活動、這種事情能否讓人興奮起來有著聯繫。或者說，就是這種活動能夠讓人產生激情。用通俗的話講，一件事、一個活動能夠讓人產生趣味，是因爲這件事和這個活動能夠給人以某種「刺激」。

刺激本來是個中性的詞，但由於人們常把它和某些人性的弱點聯繫在一起，所以讓人產生一些不健康的聯想，然而實際情況遠非如是。

刺激是暫時的，它可以一次次對人起作用，但它永遠是短時間的，而趣味卻是長久的，雖然趣味是由刺激而引發，但刺激仍然不能和趣味等同。當然，一次次刺激（儘管每次刺激都是暫時的）讓人產生趣味後，人便會由趣味的牽引，再一次次去尋找某種刺激。比如有人愛聽音樂，因爲音樂讓他產生豐富的聯想，音樂讓他體驗到一種與物性世界完全不同的純粹的精神世界，他每次聽到美妙的音樂便會激動不已，這一次次的「激動」便會讓他產生以聽音樂爲趣味的「嗜好」，而這種音樂趣味又反過來促使他一次次聆聽美妙的樂曲，讓他一次次沉浸在美妙的旋律之中。

賭博、吸毒算不算趣味？梁啓超認爲諸如賭博、吸毒這樣的惡習不能算作趣味。在梁啓超那裡，沒有「低級趣味」這種說法，在梁啓超看來，「凡屬趣味」，他「都承認他是好的」。但梁啓超對趣味的理解有其獨到之處，他雖沒有給趣味下個定義，但他認爲，凡算有「趣味」，總該以趣味始以趣味終。他說

「凡一件事做下去不會生出和趣味相反的結果的，這件事便可以爲趣味的主體。」賭博只能給人以刺激而不能給人以趣味，賭博有贏有輸，贏了自然是歡喜，可謂趣味始趣味終，但輸了怎麼辦？賭博賭輸了還會以趣味而終嗎？吸毒給人以刺激的同時耗損著人的體質，消磨人的意志，最後自毀而終，亦即以無趣而止。

趣味以刺激始，以精神的愉悅終。趣味是對刺激的揚棄。暫時給人以興奮給人以肉體享受的只能是刺激，而不是趣味。刺激包括精神的和肉體的，屬於低層次，而趣味是精神性的，屬於精神層次，屬於高層次。

所以梁啓超對趣味的理解既不限於階級性又不限於時代性，他並不以倫理道德作爲評判人的趣味之高下的標準，他說：「切勿誤會以爲：我用道德觀念來選擇趣味。我不問德不德，只問趣不趣。我並不是因爲賭錢不道德才排斥賭錢，因爲賭錢的本質會鬧到沒趣，鬧到沒趣便破壞了我的趣味主義，所以排斥賭錢。」

趣味是人的天性

有位政府官員在一所封閉式實驗學校檢查工作，他走到中國教員任課的教室，發現學生坐得筆挺筆挺，雙手均背在後面，學生們目不轉睛地望著黑板，秩序井然，但不時有學生從背後用手打鄰座，或把手背到後面玩玩具，老師提問時學生反應木訥，鴉雀無聲。當這位政府官員走到由聘請的外籍教師任課的教室裡，教室裡熱鬧非凡，學生們舉手搶答問題，外籍老師在學生中間跳來跳去，學生與老師笑成一片。原來這位老師的教學方法是提問式，他把課文設計成幾十個符合孩子心理的問題，不斷向學生提問，並提一小桶糖果獎勵學生，學生答對了獎勵學生一顆糖，答錯了，他就「罰」自己吃一顆，一節課下來，學生們學的東西多而且記得牢固又形象生動。這位外籍老師的教學法被教育家們總結爲趣味教學法。

幾乎所有的老師和所有的孩子或帶過孩子的人，都知道「趣味」對孩子的意義，都知道「趣味」在教育孩子中的地位。

如前所述，趣味由刺激始，這種刺激包括肉體的和精神的，它讓人產生新奇興奮的情緒反映，而孩子正在對外界的新奇興奮中學會認識世界，學會和外界事物打交道的。

賈寶玉抓週時，賈政及賈母他們放了書、紙、筆、印等，不知誰把女子用的胭脂、口紅和書、紙、筆放在了一起，賈寶玉一抓便抓到了口紅，這令一心指望賈寶玉將來進仕的賈政、賈母他們非常失望，他們哪裡知道胭脂、口紅比書、紙、筆要醒目得多，它們更能給孩子以視覺刺激，刺激自然會產生興奮，於是賈寶玉就抓住口紅不放了。

孩子學習玩耍純粹出於一種對外界事物的天然趣味，孩子不感興趣，你逼他去做，他只會厭倦、反抗，並從而產生逆反心理。

任何目的都是後天的，都是後天由大人傳授的，諸如聽話是個好孩子，不聽話媽媽就不喜歡等等，孩子長大後他知道讀書爲了豐富自己，玩遊戲是爲了幫助小朋友，玩是一種人生享受，而人處於孩提時代有這些目的論嗎？顯然沒有，誰能給孩子玩遊戲、玩玩具找到什麼目的嗎？

那麼「孩子爲什麼遊戲？為遊戲而遊戲」（梁啓超語）。所以趣味乃是一種天性，它沒有目的，如果硬要問爲什麼有趣味，那就是因爲有趣味所以才趣味，是爲趣味而趣味。

梁啓超說：「趣味主義最重要的條件是『無所爲而爲』。凡有所爲而爲的事，都是以別一件事爲目的而以這件事爲手段；爲達目的起見勉強用手段，目的達到時，手段便拋卻。」如果爲某事而趣味，那麼目的達到趣味也即失卻，這不是眞正的趣味。賭錢以贏錢爲目的，贏了錢便覺得有趣味，而輸了錢便感覺沒趣味，所以最終就不是什麼趣味。

談到目的，便讓人感到累，所以趣味既讓人超凡，又讓人脫俗，在本質上是非物性的。孩子爲遊戲而遊戲便生趣味，讓他們做些別的，他便感到沒趣味。

因此，爲趣味而趣味方是眞趣味，出自天生的趣味方是眞趣味，不帶有後天的任何價值評判的趣味方是眞趣味。

趣味是生活的原動力

趣味是人的天性，人依照自己的趣味選擇自己的生活之路，這樣的人絕不會虛度光陰。

趣味既是人之天性，所以人天生就有一種入世的積極心態，有趣味便會愛生活，愛生活便會進取奮鬥創業，所以趣味是人生活之動力。趣味之於人，尤如燃料之於機器，失卻趣味便如同機器失卻了燃料。

趣味是生活的原動力，首先表現於趣味是生活的全部意義。人生來就是爲趣味的，在沒有趣味的心緒中做些沒有趣味的事，那是一種異化勞動，是違背人性的。人生活於世，從事各式各樣的活動，目的在於心情愉悅，在於活出趣味，「趣味喪掉，生活便成了無意義」（梁啓超語）。

梁啓超在他的〈趣味教育與教育趣味〉一文中談到晉朝的殷仲文，殷仲文晚年對一切失去了興味，常常鬱鬱不樂，有一天他來到庭院，對著一棵大槐樹仰天長嘆說，這樣一棵婆娑的大樹，骨子裡已沒什麼生命力了，由此映襯自己的落拓頹唐。殷仲文再也沒有進取心，再也沒有生活的樂趣了，他剩下的生命是毫無意義的。

人有喜怒哀樂的本能，自然趣味也出自先天。所以孩提時代的趣味沒有什麼後天色彩，但人一旦成人，走入社會，什麼東西都會帶上社會性，帶上理性成分。而趣味一旦帶上理性成分，它就會引導人朝某個方向發展，而且讓人在這個方面有所造詣。

人的趣味一旦用於人的某項事業，他必在該事業上有所成就。

愛迪生從小待在家裡，靠母親教書認字，他對自然界的各種變化尤感趣味，常常在野外觀察各種生態的細微差別，且喜幻想，他愛把自然界裡的東西依照自己的想像進行嫁接，這爲他以後走上發明之路打下了良好的基礎。後來長大成人，他便沿著這種路走下去，成了了不起的發明大王。

人生若不虛度，應該做點什麼，爲後人留下一點什麼，這是入世哲學經常告誡人們的處世原則。那麼，你在尋找你的人生之路時，當以趣味爲立足點，對世人所言說的功名利祿大可不必關心。女作家方方在寫小說前曾想當個學者，後來她發現自己對理性思維並無太多的熱情，在從事理性思維的過程中她並未享受到眞正的趣味，相反的感到一種枯燥和煩悶，於是她改寫散文，她又覺得自己寫起散文筆頭十分澀滯，於是她想寫詩，仍感覺單調乏味，最後她開始練習寫小說，不料她編起故事是那樣得心應手，而且時時感到激動不已，常常被自己編的故事所激動。在寫小說的過程中，方方品嘗了人生的趣味，品嘗到無法從別處品嘗的趣味，於是埋下頭來認眞寫起小說，並一舉成名。

是人皆尙趣味，只是有的人一直找不到自己的趣味之點，所以一直悶悶不樂，一直生活於苦惱煩悶之中罷了。所以趣味亦存在一個發現的問題。

梁啓超是一個極力主張趣味主義的政治家和學者，他在許多場合便聲稱自己是一個趣味主義者。在他看來，從事政治活動出於趣味，從事學術研究出於趣味，從事結友吟詩活動更是出於趣味，他整天感到有用不完的勁，奔波於政治舞台，閒下來又津津有味地研究歷史、研究文學，而且不管每天忙到何等程度，總要奮筆疾書幾個小時，燈下捧讀幾個小時，均是出於趣味！正是出於趣味，梁啓超不知疲憊，不知勞頓，而且感到生活得十分充實而又意義。後來梁啓超發現自己做學問的趣味遠濃於從事政治活動的趣味，便把大部分時間用於學術研究，並最終脫離了政治舞台，而願意站在講台上去傳道授業，可見梁啓超實乃趣中之人。

學問之趣味

法國著名的哲學家沙特幾乎天生就是品嘗學問和寫作趣味的人。他生於一個海軍軍官的家庭，剛滿兩歲，父親去世，隨後便是母親改嫁，他和外祖父及外祖母生活在一起。他的外祖父是一位學識淵博的語言學教授，沙特自小就和外祖父生活於書房之中，剛剛認識些字，便能長時間地進行閱讀，他既愛讀生動活潑的文學書籍，又愛讀枯燥的哲學書籍，而且會沿著一個問題問得很深，讓外祖父苦思冥想找到簡易的適合孩子思維的方式回答他。顯然，年幼的沙特一開始就有興趣思索。沙特的身體很差，而且三歲就瞎了一隻眼，外祖父甚至擔心過早、過多地看書思索會使他另一隻眼也會失明，擔心他壽命不長，但體弱的沙特總是靠在椅子上捧著書本讀上整整一天。

梁啓超似乎是另一種趣味之人。他雖在歷史及古典文學研究上成就顯著，但他的興趣十分廣泛，只要能和學術學問牽涉得上的，他似乎都感興趣。他的學術著作涉及到了古今中外，包括政治、經濟、歷史、哲學、文學、法學、宗教等各個領域，他的學術研究一開始就呈現出「百科全書」的氣派。他的學術研究用力之廣泛，探討之全面，讓人生出才氣「浪費」之感慨，因爲用普通人的眼光來看，學貴以專，他若把精力集中於一點，貢獻也許會更大。

對學問的態度，究竟是爲了研究才去鑽研，還是爲了趣味才去鑽研？梁啓超說，爲了趣味。

學問有什麼趣味呢？在許多人眼裡，書齋是極乏味的，學問既苦澀又單調，有何趣味呢？

梁啓超認爲學問的趣味無以言說，這就跟有人愛吃肉有人愛吃蔬菜一樣，原因無法用一句話講明，但滋味在每個人心中。

談到做學問的趣味，梁啓超所談的「無所爲」、「不息」、「深入的研究」及「找朋友」等幾條路倒是值得後人一學，亦算是品嘗品嘗做學問之趣味吧！

所謂「無所爲」是指做學問不要帶任何的功利目的。有的學生爲什麼會滋生厭學情緒，因爲目標十分明確：爲了考大學。考上大學後便失卻了學習動力。在大學時爲什麼而學，爲了找到工作。一旦找到工作後爲什麼而學？似乎一時再也找不到學習的目的了，於是在中國，許多人大學畢業便意味著學習停止，幾年下來，所學忘掉大半，甚至也比不上那些未上過大學的，於是給人一種「大學畢業生素質差」的感覺。

帶著功利目的做學問，壓力甚大，感到不勝重負，因而活得沉重，何談趣味？

所以，不帶功利目的看書寫作方是做學問的眞境。

所謂「不息」就是不停止。梁啓超舉例說，鴉片爲什麼會上癮？因爲天天吃。做學問天天做，漸漸會養成三天不摸書心便發慌的感覺，這便是上了學問的「癮」。因此天天做、不停止自會品嘗學問之趣味。

梁啓超說，對學問，鑽研得越深趣味便越大，它能調動你求知的欲望，它能讓你感到自己的價值，也就更加引起你極大的興趣。

獨守書房苦思冥想固能體會到學問的趣味，然而幾個有著共同興趣的人坐下來談書論道也不失是一種人生的講究。幾個共學的朋友爲研究某個學術問題坐下來喝喝茶，討論討論，甚至爲此而作些言辭激烈的辯論，均不失是一種人生趣味，這樣，學問不僅讓人體會到學問自身之趣味，它還爲人提供種種交朋友的方式，爲人提供一種生活的情趣。在現代文學史上，「新月」詩社開始形成之初就是由胡適、徐志摩、聞一多等人舉行茶會「雅集」開始的，並進而「集」出一個詩派，「集」出一種詩歌理論。眞可謂由學問生趣味，而又由趣味生學問。

業餘愛好

人可以沒有特長，但不能沒有愛好，工作是爲謀生，愛好是爲享受，是爲生活。

工業化及後工業化社會給人帶來的明顯惡果便是生活的程式化。社會分工越來越細，也越來越嚴格，人在社會中的作用變得越來越狹小，越來越具體。在汽車總裝車間，你可以看到一個個工人忙忙碌碌，但他們只負責某一個或某兩個螺絲釘的責任，他們得在工業噪音中高度緊張地把自己負責的工序完成，稍有懈怠，流水線便過去了，如果你負責的工序沒有完成，下面的工序就沒法進行，而負責下面工序的工人對上一個工序並不瞭解，這樣生產程序便受到破壞，生產效率明顯下降。這樣便帶來一個順理成章的後果，即每個工人都成爲機器，不用考慮什麼，只作些機械動作而已，時間長了，自然就成了機器的奴隸。人沒有思索的權利，也就失卻了生活的趣味。於是諸如暴躁、憂鬱、煩悶等情緒自然就會滋生，生活也就失去了應有的色彩。

如何來彌補這些生活的缺憾，如何彌補工業社會給人生活帶來的損失呢？靠業餘愛好。爲了謀生，人得工作，要工作便得失去自由，而在從事業餘愛好活動中，純粹是出於一種趣味的需要，人便得到極大限度的自由，沒有人限制你的選擇，沒有人限制你的思維，你可以享受到人生的眞正情趣。

梁啓超認爲人類本該「生活於趣味」，只是社會上限制太多才剝奪了人的許多趣味，只好讓業餘愛好予以補充。他說：「人若活得無趣，恐怕不活著還好些，而且勉強活也活不下去」，所以「不敢說趣味便是生活，然而敢說沒趣便不成生活。」

我們說趣味是無功利的，然而謀生卻帶著沉重的功利色彩。所以眞正享受到人生趣味的人是那些有許多業餘愛好的人。我們生活的大部分時間與精力都獻給了工作，而工作之外如果不培養幾種業餘愛好，生活便少了許多情味。業餘愛好之所以是「業餘」，是因爲它本身不給人帶來任何壓力。

業餘愛好是超功利的，是純粹的個人行爲。帶上某種物性的功利色彩的業餘愛好並不是眞正意義上的業餘愛好，這樣的人也不可能眞正享受到業餘愛好之趣味。

有的人專爲賺錢而集郵，專爲炫耀自己淵博而藏書，其實這種行爲已不再是業餘愛好，他們已把業餘愛好職業化，將其視作了謀生之手段，所以，他們在這些活動中是無法品味「業餘」的趣味的。

業餘愛好是一種精神休息，是一種藝術享受，凡業餘愛好，無不與藝術有著聯繫，無不與「美」有著聯繫，所以凡業餘愛好無不富有趣味。

幽默的意義

孔子到鄭國途中，與弟子們走散，孔子一個人站在城門下等候弟子，而子貢卻滿街尋找，子貢見人便問孔子下落，有個鄭國人告訴子貢說：「城東門站著一個人，上長下短，垂頭喪氣的樣子，站在那裡東張西望，像個喪家的狗一樣。」子貢知道這人是在諷刺孔子，便怒火中燒，但他來不及與那人爭執，趕忙跑到城東門。果然，孔子還在城門邊站著。子貢氣憤不過，就把鄭人的話告訴了孔子，不料孔子哈哈大笑，說：「這人對我形象的描述未必準確，倒是『喪家之狗』概括得十分精要。」子貢茫然，孔子卻笑得更是開懷。

孔子當時被各國國君所棄，沒有一個國家願意採納他的政治主張，他用鄭人對他的形容來自我解嘲，可謂幽默得讓人敬仰。

林肯是美國總統中口才極佳的演說家，但他卻拿他的妻子沒有辦法。還在他年輕的時候，他作爲一個律師，有一天，有個報童給林肯家送報，因路不太熟走了彎路，故報紙也送遲了，竟遭到林肯妻子的破口大罵。報童委屈萬分，林肯的妻子又不聽解釋，報童幾乎是哭著回去。報童把這件事告訴報館老闆，並要求不給林肯送報，老闆只好替他換了人家。有一次老闆見到林肯，談起這事，林肯卻笑了起來：「原諒她吧！我已忍受了她十多年，這個孩子才挨罵了一、兩次，還不能忍耐？」說得老闆也捧腹大笑起來。

幽默是人對煩惱困境所持的一種超然的心態，是人對困難的一種蔑視，是以趣味之心態面對枯燥沉悶世界時採取的一種應答方式。孔子周遊列國宣揚仁政，抑制諸侯爭霸卻不被理解，且險遭殺害，他知其不可爲而爲之，面對別人的挖苦嘲諷，他生氣有什麼用？值得嗎？生氣會不會讓自己喪失「知其不可爲而爲之」的勇氣與信心？孔子採取的態度是：不管他們！他自嘲一番繼續周遊列國。

有幽默感的人一定是生活於趣味中的人，他不會在生活中討沒趣，也不會爲丁點小事而破壞了自己的趣味，同時會化沒趣爲有趣，並以趣味去對付那些不知趣味的人或事。所以幽默是一種精神勝利，是對對立面的一種克服，是對困境邪惡不道德的戰勝。而且人世間的種種煩惱均不會擾亂他的心情，幽默的人永遠是快樂的人。

有幽默感的人一定是個有度量的人。不管遇到什麼不順心的事，或是事業上的挫折，或是他人的譏諷，甚至是他人惡意的中傷，均不會怒髮衝冠改變初衷，而是輕鬆一笑，萬怨皆了，活得輕鬆自如。而人要做一番事業，必須使自己常處於一種良好的心態之中，這樣才談得上凝神靜氣專心致志。

古希臘哲學家蘇格拉底，生性爽快，不與人結怨，專心自己的哲學研究，從不因小事而和人動怒。而他的妻子姍蒂柏卻是遠近聞名的悍婦，別人見到蘇格拉底，不免生起同情之心，蘇格拉底卻坦然暢笑，並說，娶妻有如騎馬，騎馬沒什麼高深學問可談，但要個悍婦卻可以讓你養修自己的心性。

開玩笑

玩笑是生活的鹽，沒有玩笑生活便少了一道味，少了許多情趣。

過於嚴肅的人不會開玩笑。據說林彪是個十分古板而少情趣的人，他要麼躺在床上呼呼大睡，要麼就呆坐著，腦袋不停地思考問題，有時能在作戰地圖前站個半天，一言不發，面無表情。閒來無事的時候，別人坐在一起談笑風生，甚至笑得前仰後合，他卻木訥地望著大家。有時，他試圖想陪著大家笑笑，咧咧嘴卻毫無興致。所以林彪每每見別人在一起說笑話，便趕緊走開，擔心自己影響了別人的興致。

玩笑不僅可以為生活增加樂趣，也可以讓人活得達觀而有信心。長征時期，紅軍過草地爬雪山，生活異常艱辛，但毛澤東總是邊走邊講笑話，把戰士們的情緒調動起來，並自信能度過難關。在一定程度上，可以這樣認為，玩笑是催人奮進的興奮劑。

有幽默感的人多喜歡開玩笑。張愛玲敏感而多情，在上中學時，她常見同伴們一起有說有笑，便湊過去，想參與大家的談話，但生性孤癖而又愛生小氣的她卻往往開些讓人莫名其妙的玩笑，讓人感到不倫不類。張愛玲回到家和母親說起這事，母親告訴她說：妳既然缺乏幽默感，就別和別人開玩笑。所以幽默感是開玩笑的基礎。

喜歡開玩笑的人也要禁得起玩笑。人生本已十分沉重，整天鎖著眉頭過活，讓人感到活著如同受罪，所以人們喜歡坐在一起談天說地，互相打趣。既願參與其中，就不必當眞，因爲這時人們大可不必耿耿於懷於諸如尊嚴之類的東西。拿別人開玩笑即可哈哈一陣，別人拿你打個趣，便感到自己受到了冒犯，甚至跟人較眞動怒，直至和人反目，甚至因此與人結怨。在生活中，我們往往把這種人叫做最沒意思的人，而這種人也多是那些自尊到不適當程度的人，也是那些既自私又狹隘的人，這種人不僅容易給人以沒趣，也往往是自討沒趣。

當然，有些人天生不善於開玩笑，也不愛開玩笑，對這種人就不必爲難，不可強行將他拉來，否則，一方面爲難了他，一方面讓他參與進來還得注意說話分寸，弄得大家不能開懷暢笑。所以開玩笑要看對象，對象選準了，自然趣味橫生，對象選錯了，不僅讓別人難堪，自己也會沒趣。

開玩笑時，人應是最自由的，但仍有許多禁忌。比如你不能拿別人生理弱點來開玩笑，你不能拿別人心中最忌諱的東西作笑料，更不能藉著開玩笑來含沙射影，這便違背了玩笑的本質。這種懷著一種陰暗心理夾槍帶棒式的玩笑，不僅起不到祥和融合情感的作用，而且會使彼此的分歧情感化，使觀念上的分歧走向感情的好惡，這樣不僅沒趣，而且積怨成仇，使有趣的生活變得毫無趣味。

學會調節自己

袁世凱就任大總統後，梁啓超在他身上寄予厚望，誰知袁世凱野心不死，竟想恢復帝制，阻止民主進程。梁啓超苦勸無效，只好揮淚反袁，護國戰爭剛剛結束，他的得意門生，傑出的護國英雄蔡鍔，卻於一九一六年十一月在日本福岡醫院與世長辭。梁啓超悲痛欲絕，接連寫下數篇悼念文章，他認爲再也找不到像蔡鍔這樣有才幹的忠勇將軍了。緊接著是張勳復辟，段祺瑞軍事專制。梁啓超在袁世凱死後，所以走近段祺瑞，是想向段祺瑞灌輸改良思想以改造中國，他希望段能憑藉北洋軍隊的力量統一南方，最後統一中國。同時他勸段祺瑞對德宣戰，向西方尋求救國救民的出路。然而幾個月下來，段祺瑞連北方也統一不了，更別說統一南方乃至全中國了，而且國內經濟蕭條，民不聊生，段祺瑞也下了台，梁啓超也堅決辭職了。外憂內困，戰火瀰漫，中國何日才有出路?梁啓超的情緒變得十分沮喪，他幾乎有些灰心了。

心情沉重了幾個月，梁啓超怎麼也無法從沮喪中解脫出來，他又想到蔡鍔，一股股悲涼湧上心頭。梁啓超清醒地意識到，這樣長期下去，他的精神肯定要垮掉，他試圖冷靜下來，試圖調節自己，最後，他選擇到歐洲去。到歐洲去散散心，同時還可以在西方「求一點學問，而且看看這空前絕後的歷史劇怎樣收場，拓一拓眼界。」

一九一八年十二月二十三日，梁啓超由北京動身，在天津住了一晚，見到從美國回來的好友，暢談國內外時事，個個感慨不已。在上海，梁啓超和張東蓀、黃溯初談了整整一個通宵，「著實將從前迷夢的政治活動懺悔一番，相約以後決然捨棄，要從思想上盡些微力，這一席話要算我們朋輩中換了一個新生命了。」（梁啓超《歐行途中》）。

如果梁啓超不周遊歐洲，整天待在國內感嘆國內的烽煙戰火弱肉強食，會是什麼樣子呢？那樣的話，梁啓超不僅感覺不到人生的眞義，還會從痛苦感到絕望。梁啓超揮淚去國，游歷歐洲各國，實乃對自己的一種最好調節。

人要學會了調節，就學會了生活。整天坐著苦思冥想，遇事又想不開，那樣的人生和趣味無緣。

不必勉強自己

要使自己生活於趣味之中，使自己的生活充滿情趣，就應從事自己感興趣、自己熱愛的工作，任何勉強自己的行爲均是毫無趣味的行爲。

自己不感興趣、自己不想做，卻勉強自己去做，其惡果首先是感到索然無味、毫無趣味，其次，儘管你十分努力，工作也無法做好。梁啓超在談趣味教育時，批評了那種不顧別人興味，不注意教育方法，一味給學生硬性灌輸知識的方法。他說：「教育事業，從積極方面說，全在喚起趣味；從消極方面說，要十分注意不可以摧殘趣味。」梁啓超認爲「摧殘趣味有幾條路：頭一件是注射性教育：教師把課本裡頭的東西叫學生強記；好像嚼飯給小孩子吃，那飯已經是一點兒滋味也沒有了，還要叫他照樣的嚼幾口，仍舊吐出來看；那麼，假如我是個小孩子，當然會認爲吃飯是一件苦不堪言的事了。」

其實何止教育者如此，自己對自己也一樣，你不愛吃某種菜，卻爲了某種目的，勉強自己去吃，那眞正是「味同嚼蠟」。

只有自己眞正感興趣的事做起來才能品嘗到快樂，否則得陪著小心，因爲你做這件事並不能感到趣味，而是爲了討好別人，或者迫於生計。所以勉強自己的實質就是自己強迫自己。

趣味之源泉

趣味不僅是生活態度之一種，也是人的生活方式，動物是談不上趣味的。那麼趣味源自哪裡呢？

美國著名的心理學家從心理學角度探索了趣味的來源，他認爲好奇是一切健康心理的基本特點，而人的一切趣味均源自人的好奇心以及爲滿足好奇心的所有行爲。

而在梁啓超看來，趣味的有無與人自身所具有的藝術氣質有關，他認爲趣味之來源有三，簡述如下：

首先，源於人自身對往事的回憶能力及回憶習慣，用梁啓超的說話，就是「對境之賞會與復現」。

人總生活於自然之中，而自然界的景色無不激發著人的美感，你一旦領略出大自然的美，便自然品嘗到人生之趣味。時過境遷，你時時回憶起曾見到的美好景色，沉浸在對往事的追憶中。

其次，趣味源自「開心」，也就是梁啓超所說的「心態之抽出與印契」。

人生不可能一帆風順永無煩惱，更不會恍若神仙過著不食人間煙火的生活，當你遇到不順心的事，和朋友談談，或者想些快樂的事情，心情自然會輕鬆許多；而你遇到快樂的事時，在心中反覆咀嚼，自會感到越咀嚼越有味。莊子的妻子死了，親戚朋友悲痛欲絕，莊子卻鼓盆而歌，吊喪的人都不解地望著莊子，惠子見了十分生氣，奪過瓦盆責備莊子不該這樣高興，莊子說：「你錯怪我了，自己的妻子死了，我會不悲傷嗎？」惠子問：「既然悲傷，爲何還要敲敲唱唱？」莊子說：「現在我已想通了，一個人本是無所謂生死的，非但沒有生命，連形狀也沒有；非但沒有形狀，連氣也沒有。」莊子的做法自然有些過於誇張，但他說的也有一定道理，也因此，他勸衆人不要悲傷。人既死了，悲傷又有何用呢？

所以，人，要學會掌握自己，學會輕鬆，否則，就無法談及趣味。

最後，要想生活於趣味之中，還得有豐富的想像力，即梁啓超說的「他界之冥構與摹進」。

人的欲望總是超越現實生活的，人的希望總是通向未來的，然而人卻又必須生活於現實之中，而現實對理想又有一段距離，所以人永遠生活於不滿足之中，這就是人痛苦的根源。沒有什麼辦法予以彌補嗎？有的，那便是人的想像世界。人的想像總是對現實生活的補充及超越，人的想像世界也多是盡善盡美的。也正因爲這樣，那些想像力豐富的人總是極力主張唯美的人，那些唯美的人總是十分有趣味的人。

那麼人的想像及對往事的回想等等是如何誘發的呢？梁啓超認爲是靠藝術。具體地說，他認爲：「專從事誘發以刺激各人器官不使鈍的有三種利器：一是文學，二是音樂，三是美術。」他認爲這三種門類的藝術給人提供的想像空間最大，同時，它們可以牽發人們對美好往事的回憶，而且能夠讓人從痛苦的深淵中解脫出來，所以它們最能讓人感受到人生之趣味，它們也是人生之趣味的來源。

興趣源於知和能

梁啓超在講學問之趣味時講到「不息」和「深入的研究」，其實這兩點正適合於興趣的培養。

一般人喝茶僅爲解渴，而品茶卻自有路數，很多人沒有那份閒情雅趣去做文人士大夫的消遣，只要能解渴即罷，然而在茶博士的指導下，慢慢品出一點味來，自會見茶便品，且易上癮。

再如集郵，有人開始只純粹好玩，用梁啓超的話說，是因爲趣味，開始當然是漫不經心，也不準備當個集郵專家。日久天長，這方面的知識漸漸積累多了，有了郵品鑒別、保存、欣賞等知識，便有了分門別類進行整理之欲望，並有了某些體會，對郵票的設計也漸漸有了些看法，把這些體會及看法寫成文章，而讀到文章的人或者與你看法相通想和你交個朋友，看法不同的人想和你認識以作些深入的探討。於是你和朋友們不定期地開些茶會，探討一些關於郵票的學術問題，你對集郵知識積累的越多，便對集郵越有興趣，說不定會成爲這方面的專家，那時，你不僅在集郵中尋找到潛在的趣味，更會感到酷愛郵票已到了無法和郵票分離了。

所以，興趣來源於知和能，你對某方面的知識知道越多，你便對它越有興趣，你對某項技能掌握得越熟練，你對它的興趣就越大。

梁啓超所說的「不息」就是堅持不懈。人們大多仰慕那些鋼琴大師、小提琴手，卻不知他們為此而付出了多少代價，不知道他們在成功之前走過了一段枯燥的練功之路。貝多芬的父親是個鬱鬱不得志的鋼琴手，他把成功的希望全部寄託在貝多芬身上，經常半夜酒醉回來，把貝多芬從床上提到鋼琴前練琴，貝多芬半睜著雙眼，雙手敲擊著琴鍵，稍有差錯或停頓，不是被罵就是被打。漸漸地，貝多芬彈得熟練起來，對音樂的感知也越來越細緻、越來越敏銳，他對音樂的興趣日濃一日，最後視音樂為自己的生命，感覺自己一天也離不開鋼琴了。

梁啓超所說的「深入的研究」即不斷增加自己對某方面知識的領悟。不論是音樂也好，建築也好，不同階段有不同的趣味，所以，人鑽研得越深興趣就越大。

流行音樂也只是大眾音樂，如同街上流行的快餐，雖然味道可口，但畢竟單調，且營養不豐富。但如果深入下去，你會瞭解到音樂的調式、和聲，以及其中的宗教等等，你對音樂的不同程度的瞭解，便會獲得不同程度的趣味，而不同程度的趣味又引導著你作更深入的研究。

所以，興趣不能靠等，不能一味依賴天賦，尤其是不能單憑三分鐘熱情，遇到什麼困難就退縮。你如果對繪畫感興趣，你就認眞去學，中途可能十分枯燥，但那不影響你繼續努力，而一旦入門，你就會興趣倍增，並充分領受美術之趣味。

想成功就得冒險

天下無中立之事，不猛進斯倒退矣；人生與憂患懼來，苟畏難斯落險矣。

歐洲民族所以優強於中國者，原因非一，而其富於進取冒險之精神，殆其尤要者也。

——梁啟超《論進取冒險》

中國人歷來講究中庸，講究不偏不倚，不允許有極端的言論和極端的舉止，而於冒險也甚謹愼。

中國人歷來信奉知足常樂，信奉知足不辱，知止不殆，於進取、變化之道卻常遲疑。雖時有勇士，其聲勢、力量比之前者，則未免單薄了。

要有所改變就不能安於現狀，而不安於現狀就得超越現狀，旣超越現狀就得接受不平衡。

所謂進取就是改良社會，就是前進，而改良社會，前進就得冒「天下之大不韙」，就要受到種種阻撓，就得冒失敗甚至殺頭之危險。如果怕失敗怕遭到別人反對就不思進取，就只求穩，那必然落後，必然遭到世人之遺棄。

人生本在冒險之中度過。

成功由冒險而來

凡作一件事，最終有兩個結果，成功或者失敗，成功自然是人們所希望的，失敗是人們所不希望的，甚至是人所擔憂害怕的，因爲失敗便意味著損失。然而，世事總不全是一帆風順的，有成功，也有失敗。所以，只要想做一件事，均要冒失敗之險。

似乎徹底的安全是坐著不動，不吃不喝，不到處亂跑，這樣，各種危險就找不到你的頭上。然而，如果發生地震怎麼辦呢？不跑行嗎？如果不跑就有被建築物砸傷的危險。不如乾脆置危險於不顧，該做什麼就做什麼，也許還能戰勝危險，做出點名堂來。

既然失敗與成功同在，不是成功就是失敗，既然危險無處不在，無時不有，不如不顧危險，積極進取，成功就會迎面而來。

所謂「冒險」，就是不顧危險，就是超越危險，而所有的進取都是對失敗的超越對成功的接近。

梁啓超說，伴隨人一生的無處不有憂患，如果害怕困難，害怕冒險，就會落入危險之中。

俗話說，失敗乃成功之母，要成功必須冒險，而成功也正是由冒險中來。

曹操揮師南下，打算一舉滅掉孫權、劉備，達到統一天下之目的。他以百萬之師陳列於長江之濱，上下官兵，均懷著此戰必勝的信心練兵備戰。孫權手下卻慌作一團，言和、言降的呼聲不絕於耳，戰則必敗的情緒籠罩東吳，而年輕的周瑜卻不以爲然，他首先分析了曹軍的劣勢，然後又分析了自己的優勢，認爲可以和曹軍作戰，加上劉備的部隊，完全可以打敗曹軍。

然而，曹軍人多勢衆，周瑜、諸葛亮下這一盤棋不能不說是在冒險，加上東吳軍中言降、言和情緒較重，實際上赤壁一戰，曹操勝利的可能性很大，而孫、劉得勝的可能性則小得多。但周瑜率軍背水一戰，專打曹操的劣勢，遂一舉勝利。

赤壁之戰對孫權、劉備來說，可謂絕處逢生，其勝利一半源自戰鬥力，一半源自一種冒險精神。

中國唐代的和尚鑒眞爲了東渡日本傳播佛教，與其弟子乘著小小木船竟敢在海上漂漾，這在現代人眼裡，簡直有些不可思議。如果說赤壁之戰周瑜主戰，一半是冒險，一半是因爲他的軍隊尙有較強的作戰能力的話，那麼鑒眞渡海到日本，幾乎絕屬一種冒險行爲了。然而，鑒眞卻成功了。他雖七次渡海，失敗了六次，而且最終雙目失明，但他矢志不移，終於冒險成功。

任何一種成功，伴隨著它的無不是失敗的危險，無不由冒險而得。人們說，殺出一條生路，就是冒險求生（成功）的意思。

作戰突圍是一種純粹的冒險行爲，而許多戰爭的勝利又是由純粹的冒險而成。

所以沒有冒險，便沒有成功。

梁啓超對冒險精神的探討，是把它置於一種民族性格中來闡釋的，他在《新民說》中專列一節討論冒險精神，認爲新型的國民應將冒險精神視作人的個體性格的組成部分，只有這樣，我們的國民方是新型的國民，我們的國家方是新型的國家，那麼國家改良，國民性格的改造方有希望。而中國人一旦具有了冒險精神，中國人走向富強方可成功。

禁得起失敗方能成功

談到冒險，許多人並不承認自己膽小，但失敗幾次，意志便開始消沉，到最後便坐井觀天，不再冒險。這種人不能叫怕冒險，而是叫怕失敗。因其禁不起失敗，所以不願經常去冒險。

梁啓超說：「凡任天下大事者，不可不先破成敗之見。」什麼叫成功？什麼叫失敗？人生在世，什麼可以算是成功了，什麼可以算是沒成功？這個問題解決了，人們也就不再擔心失敗了，也不會爲一時的成功沾沾自喜。

梁啓超認爲天下之事本無所謂成，他說，事物的發展是無窮無盡的，每個人甚至每代人只可能將事物朝前推一步、兩步，昨天不如今天，今天必不如明天。人類今天的文明，在將來看起來也許一文不值，能說今天的人成功了嗎？況且人類的智力精力十分有限，想求得終極的成功，求得毫無缺憾，是絕不可能的，而「有缺憾者，即其不成也。」

天下有沒有失敗呢？春秋戰國時期，烽煙四起，生產受到極大的破壞，秦始皇力戰群雄，統一全國，而且統一幣制、統一文字，到了後來，生產力一步步得到解放。封建社會一直延續了數千年，到了孫中山，打破帝制，進一步解放生產力，解放人們的思想，這個民主進程、生產進程，功勞能孤立地歸功於某一個或某幾個人嗎？只能說，他們在各自的歷史階段做出了他們能做的貢獻，他們均是成功者，何言失敗呢？

梁啓超說，人們看成敗，無非是看一件事情的結果，有些人見到階段性結果，就斷定其成敗，卻不知道這件事的成敗是暫時的，更不知「敗於此者或成於彼，敗於今者或成於後，敗於我者或成於人。」每個人只要盡了自己的努力，對事物的發展必有補益，而只要於事有補，便算成功，所以梁啓超說：「辦事者立於不敗之地者也，不辦事者立於全敗之地者也。」

這就是說，事物永遠是走向成功接近成功的，每個人只在這一過程中起著自己的作用而已。所以從根本上看，無所謂失敗，但就某個階段、某個人，他不可能看到成功的結果，也就無所謂成功。有了這樣的成敗觀，也就不怕失敗，無所謂成敗了。正如梁啓超所說的：知道了無所謂成功，你就不會老是懷抱那份希冀，知道了無所謂失敗，你就不會有那種恐怖情緒。「無希冀心，無恐怖心，然後盡吾職分之所當爲，行吾良知所不能自己，奮其身以入於世界中，磊磊落落，獨往獨來。大丈夫之志也，大丈夫之行也。」

如果非要給一個人的一生下個成敗的結論，那麼只要他爲世界、爲人類的發展盡了自己的一份力量，均可以算是成功之人。如上所述，就普通意義上看，每個人均看不到成功，均處於失敗之中，如果你認爲既然看不到結果看不到成功就什麼也不做，亦即你絲毫禁不起失敗，也不可能爲人類盡絲毫的責任和貢獻，那你就是個徹底的失敗者了。

所以行動就是成功，行動就可以成功。不能因爲我們時時處於失敗之中就不再行動，不能因爲我們看不到成功的那一天就不願行動，而行動本身又是冒險，是失敗中的冒險，所以冒險產生成功，冒險本身也是成功。

冒險要有膽識

建興六年，因馬謖狂妄自大，痛失街亭，諸葛亮立即分兵幾路以作補救，只留下五千餘人運送糧草，剛將留下的五千人分出一半出城運糧草，司馬懿領著十五萬大軍，「望西城蜂擁而來」，衆官兵聽到這個消息，都大驚失色，諸葛亮也一時沒了主張。他登上城樓，果然看見塵土瀰漫，身邊只剩兩千多老弱病殘兵士及文官，打吧！禁不起一擊；逃吧！跑不了多遠必被司馬懿追上。萬般無奈，諸葛亮打算破釜沉舟，冒一次險。

諸葛亮打算唱一場空城計了。他命令部下將各種旗幟藏起來，每個路口留兩個巡哨把守，全城鴉雀無聲，但四圍城門打開，每個城門前讓二十個士兵扮作百姓模樣，灑掃街道。諸葛亮卻端坐城門，焚香操琴。

司馬懿率軍趕到城下，見諸葛亮是這等模樣，立即下令退兵，他的兒子懷疑說，莫非諸葛亮手中無兵，故意這樣，何不進攻衝殺。但司馬懿卻說：「亮平生謹慎，不曾弄險。今大開城門，必有埋伏。」於是堅決退兵。

諸葛亮見魏軍退去，才出了一身冷汗，這次冒險可謂令人提心吊膽，然卻順利成功。

諸葛亮敢於冒險當然是出於無奈，但他這次冒險成功也有其必然因素。也就是說，冒險必須具備相應的條件。

首先，要有成功的願望。諸葛亮被迫唱出空城計，是希望在危難之時戰勝敵人，而不是企圖投降或是拚死了之，他仍希望勝利。如果他連成功的希望也沒有，他便不會冒險唱這齣戲，也就沒有空城計的成功了。

其次，冒險要有膽略。梁啓超說，謹小慎微、膽小怕事的人絕對品嘗不到冒險之趣味。納爾遜是英國名將，在他五歲的時候，經常一個人在山野遊蕩，即使風雨再大雷霆驚人，仍整夜不歸，他有句名言，叫做「吾未見所謂可畏者。吾不識『畏』之爲何物也。」諸葛亮以兩千多老殘之士對司馬懿的十五萬大軍，卻處險不驚，大膽用計，他能夠焚香彈琴，與他有超人的膽略緊密相聯。

最後，冒險要有智慧。周瑜力主破曹，是因爲他善於發揮自己的優勢，專攻曹操的劣勢，他說服各位將領，將敵我雙方的力量分析給大家聽，才堅定了孫權抗曹的決心。諸葛亮敢冒險設下空城計，是因爲他十分瞭解司馬懿。司馬懿治軍有方，詭計多端，但他也有弱點，就是疑心很重。諸葛亮也知道司馬懿對自己的用兵之法比較瞭解，他反其道而行之，給司馬懿造成一個鬆懈不謹慎的印象，引起其懷疑，而把一向懂得兵不厭詐的司馬懿的思想搞亂，讓他的多端詭計由軍事優勢變爲打仗的劣勢。空城計的成功同樣體現了兵家常說的知彼知己百戰不殆的思想，同時體現了諸葛亮善於分析、以智取勝的超人的智慧。

所以，梁啓超提倡冒險精神，但並不主張毫無準備的瞎撞，他說：冒險生於希望、熱誠、智慧、膽力。冒險精神的差別是由人的知識文化膽識修養的差別所造成。「欲養氣者必先積智，非虛言也。」眞正的冒險是有準備的冒險，而這個準備又主要是心智的準備，而心智的準備又主要是膽略和智慧的準備。

旁觀不如參與

天下最可厭可憎可鄙之人，莫過於旁觀者。

旁觀者，如立於東岸，觀西岸之火災，而望其紅光以為樂；如立於此船，觀彼船之沉溺，而睹其鳧浴以為歡。若是者，謂之陰險也不可，謂之狠毒也不可。此種人無以名之，名之曰無血性。嗟乎！血性者人類之所以生，世界之所以立也；無血性則無人類、無世界也。故旁觀者，人類之蟊賊，世界之仇敵也。

——梁啟超《呵旁觀者文》

愛看熱鬧幾乎是中國人的通病，只要哪裡發生點什麼事，周圍總會圍上許多人，一個個伸長脖子，口張得極大，從開始看到結尾，如果兩個人只是吵架但並未打起來，甚至兩人吵著吵著又相互認作朋友，圍觀的人一定十分失望，甚至在心中責罵那兩個吵架的人，爲何不打上一架，白白耽誤了大家的時間。

爲什麼中國人如此喜歡圍觀？中國的旁觀者有如此之衆？梁啓超從人性的深處著手討論了旁觀者的心理特徵，改良旁觀者是梁啓超改良人們心智的重要內容。

旁觀者有哪些性格弱點？我們如何才能戒掉旁觀的習慣？旁觀暴露出了我們身上的哪些劣根性？

戒除旁觀習慣須先明瞭旁觀的思想根源，清除了這些思想根源，我們的人格品位必然是另一番景象。

是人就得肩負責任

歹徒光天化日之下行凶搶劫，圍觀者卻視若無睹，並不予以制止。

旁觀者之所以旁觀，最根本的就是缺乏責任感，缺乏向社會、向他人盡責的心理準備。

孩子落水了，卻問救人給多少錢報酬。他不知道孩子落水死後將給社會、家人帶來多大的損失，他也不知道自己負有對他人、對社會的應有的責任。歹徒行凶搶劫，圍觀者甚衆，卻沒有人上前制止，他們不知道維護社會安寧是每個公民應盡的職責，也不知道這樣會助長歹徒的氣焰，將危及每個社會成員的安全。

既然沒有社會責任感，沒有向他人負責任的心理準備，當然只會旁觀，甚至以別人的打架鬧事作爲取樂對象，作爲茶餘飯後的話題。

大丈夫當頂天立地，爲社會及爲他人盡職盡責。梁啓超說：「人生天地之間，各有責任。知責任者大丈夫之始也，行責任者大丈夫之終也；自放棄其責任，則是自放棄其所以爲人之具也。」

人生於世，兼有多重角色，作爲家庭一成員，對家庭負有責任，作爲國家一公民，就肩負著對國家的責任。就是每個國家，相對於整個世界，也肩負著維護世界和平的責任。如果都去做旁觀者而不肩負自己應該肩負的責任，情形會是什麼樣呢？正如梁啓超所說的那樣，「一家之人個個自放棄其責任，則家必落；一國之人個個自放棄其責任，則國必亡；全世界之人個個自放棄其責任，則世界必毀。」由此，梁啓超得出結論說，「旁觀云者，放棄責任之謂也。」換句話說，那些喜好旁觀的人，就是些沒有責任心的人。

旁觀者所以旁觀，所以沒有責任心或者不願向社會負責，向他人負責，是因爲他們總把自己置於客人的地位，而不知道自己也是社會一份子，也是社會的主人。歹徒行凶，看似是單純地危害某人，實際上是在危害整個社會，而危害整個社會也就危害到旁觀者本人。因爲社會的安寧關係到千家萬戶，關係到社會上的每一個人。

實際上，許多旁觀者並非不懂自己是社會一份子，並非不知道自己應盡的責任，而是希望別人站出來。這種思想意識，實際上是推卸責任，是把自己應向社會所盡之責推給別人而已。其實，作爲社會成員，每個人都是主人，如果你推我，我推你，那麼誰是主人呢？梁啓超說，如果一個家庭的成員，每個人都把自己當作客人，父親推責任於兒，兒推責任給父親，兄長推責任給弟弟，弟弟推責任給兄長，推來推去，這家就成了沒有主人的家庭，無主之家，其敗亡就可以馬上見到。同樣的，一個國家，人們互相推脫責任，都當旁觀者，誰來做主人呢？

要戒除旁觀的劣根性，就要培養自己的責任心，就要培養自己的主人意識。

人不可過於自私

知道自己應向社會應向他人負責，會不會仍站立一旁袖手旁觀呢？

晉朝有個讀書人叫禾權，見鄰居偏房冒出濃煙，當時鄰居家裡的人都外出了，他明知失火，卻認爲反正不是燒著自家，多一事不如少一事。既不上前救火，也不喊別人搶救，結果鄰居的房子毀於一旦。正當禾權居家呷茶時，自己的房子也燒了起來，原來鄰居失火波及他家，結果禾權的房子也葬身火海。

我們經常聽到這樣的事情：小偷抱著偷來的物品狂奔，後面的人邊追邊喊，而有人明明望見小偷迎面而來，卻裝作沒看見，認爲偷的反正不是自己的東西，事不關己，閃在一邊旁觀，等追小偷的人追到眼前，告訴他小偷偷的正是他家，他才大驚失色，拔腿便追，然而小偷早已逃得無影無蹤了。

對世事採取旁觀態度的人，其實也知道自己作爲社會的一份子應盡到自己的責任。鄰家遭受火災，他也知道應奮不顧身去救，見到小偷在街上被追，他也知道自己應該去攔截。也因爲他明白自己肩負著這些責任而自己又沒有去做，便朝一邊躲，生怕別人看見，生怕別人罵他不近情理。這種人之所以如此是因爲這些事與他自己「無關」，他們堅守一條處世原則：各人自掃門前雪，不管他人瓦上霜。總而言之，這些人私心太重。梁啓超把這種旁觀者稱爲「爲我派」旁觀者。

梁啓超給「爲我派」旁觀者定義爲「遇雷打尙按住荷包者」，這種人「事之當辦」並非不知，但只要「辦此事而無益於我，則我惟旁觀而已；亡此國而無損於我，則我惟旁觀而已。」

「爲我派」旁觀者即極端自私者，這種人所作所爲的唯一標準就是看事情對他是否有利，有利則做，即使讓他去殺人放火，賣權賣國，有利就做，哪怕給他人、國家造成巨大損失。梁啓超說，李鴻章、張之洞爲何置民族利益而不顧？他們寧肯讓外國列強將中國瓜分完畢，也不願爲人民謀利，因爲在張之洞看來，他自己在「瓜分之後，尙不失爲小朝廷大臣」。正如路易十四所說的，「我死後，哪管洪水滔天。」這種極端自私之人，別想讓他爲公衆做點什麼好事。

其實極端自私者何止作個旁觀者？那些乘人之危、趁火打劫者均是由這些極端自私者所爲。而一切守舊勢力也均由私心所致。梁啓超四處奔走，呼籲社會變革，但守舊勢力卻極力反對，他們所以反對是因爲梁啓超等人推行的社會變革動搖了他們的利益，「明知官場積習之當改而必不肯改」，是因爲爲這些官場積習是他們的「衣食飯碗之所在也」，明知「學校科舉之當變而不肯變」，是因爲學校科舉是他們的子孫「出身之所由也」。也因此，梁啓超認爲「爲我派」是「旁觀派中之最有魅力者」。

百無聊賴去「評論」

生活中有「風涼話」一說。一件事，想做就做，不想做也罷。他卻既不想做，也不想讓別人做。別人做成了受到衆人的讚許，他便說你出風頭，想出人頭地；別人沒做成功，他便站在一旁眉飛色舞地給大家演說：我早就說過，這事做不得，再說，憑他那點本事能做這事麼？諸如此類的話，他談得頭頭是道，儼然自己先知先覺。

梁啓超說，這種人「常立於人之背後，而以冷言熱語批評人」，指指點點，左說左有理，右說右有理，不管你如何做，做好做壞，甚至做與不做，他都可以找些話找些理由予以「評論」。梁啓超認爲，這種旁觀者最大的壞處是，他們「不惟自己爲旁觀者，又欲逼人使不得不爲旁觀者。」他們不做好事不說，也不讓你做好事，他們坐在一邊旁觀似感寂寞，非要拉你與其爲伍，和他一同旁觀。

梁啓超給這種無聊的「評論家」畫了一幅像：「既罵守舊，亦罵維新；既罵小人，亦罵君子；對老輩則罵其暮氣已深，對青年則罵其躁進喜事；事之成也，則曰豎子成名，事之敗也，則曰吾早料及。」

這種人站在一邊指手劃腳，自己卻無可指責，因爲他什麼也不做，對辦事者予以冷嘲熱諷，多方指責，似乎自己是聖者。其惡果不僅體現於把別人也拉去做旁觀者，而且使「勇者所以短氣，怯者所以灰心」，削弱勇者的志氣，讓失敗者無地自容，這種人是世界進步的巨大障礙。

關鍵在於行動

布希有句名言：立即行動！他認爲一個人想成就一番事業，不能只是躺在床上左思右想，或者今日推明日，明日推後天，而要立即行動，他說，只要行動總有收獲。

談起社會上的不正之風，人人義憤塡膺，然而有幾個人能身體力行地對這些不正之風予以阻止呢？

曾經看到一幅漫畫，畫的是一條老鼠過街的情景，老鼠上街，開始時驚慌失措，老鼠東竄西突，到處都有喊打之聲，但卻不見一個人行動，人們似乎都在表白自己不是老鼠的「朋友」，又都希望別人出擊，老鼠膽子慢慢大起來，竟不疾不徐地走著，並一邊笑嘻嘻地欣賞著人們各種各樣的驚叫聲和喊打聲。

這幅漫畫是對那些只知嘆息喊叫卻不曾拿出行動的旁觀者的有力諷刺。梁啓超稱這種旁觀者爲「嗚呼派」。這種人不是不知道自己應盡的社會責任和社會義務，但他們只知唉聲嘆氣，卻不付諸行動，梁啓超認爲這些人「以咨嗟太息、痛哭流涕為獨一無二之事業者也。」他們「眞面常有憂國之容，其口不少哀世之語。告以事之當辦，彼則曰誠當辦也，奈無從辦起何；告以國之已危，彼則曰誠極危也，奈何無可救何。」這些人對許多問題均抱失望心態，他們首先不推卸自己對他人及對社會應負的責任，同時也不對那些向社會盡職盡責的人投以諷刺和挖苦，更不將那些做事的人硬拉入旁觀者隊伍，但他們只會捶胸頓足，哀嘆事不如願，卻絲毫不投入行動。

三十年代日本侵略中國，有的人憤而抗擊，有的人卻投敵求榮，而還有一部分人既不甘心做亡國奴，又不敢走向抗日行列，甚至嘆息「戰則必亡」，或高叫「抗戰必敗」。持這種悲觀情緒的，有血性不甘做亡國奴的臨敵自殺；還有的退縮到一邊，以求苟安。他們不時散佈中國無救的言論，於悲觀絕望中苦度殘生。這種人滅自己的志氣，他們的生活是沒有希望的灰色人生。

梁啓超說：「此派似無補於世界，亦無害於世界者；雖然，滅國民之志氣，阻將來之進步，其罪實不薄也。」抗戰時期，散佈「戰則必亡」的論調者，在許多意志薄弱者那裡，不啻是一副冷卻劑，也讓許多抗戰不堅定者找到了放棄抗戰的思想依據，可見其危害甚大。

這種嘆息嗚呼派一般人還不能「勝任」，充當此派者，多爲讀過書而意志脆弱者，他們不積極尋找應敵之方式方法，卻找出種種理由，甚至搬出「天命」一說來證明其「無可奈何」。梁啓超說，這派人物多是那些「號稱名士者」，也只有他們才會把種種醜惡現象作些歸納，以證明社會的「不可救藥」。

這類旁觀者並不承認自己站在旁觀的立場，相反的，他們反而認爲自己很有社會使命感，實際上，正如梁啓超說的那樣，「他人之旁觀也以目，彼輩之旁觀也以口」，以口作旁觀，其實是旁觀之一變種，實乃徹頭徹尾的旁觀者。

敗始於自棄

魯迅小說《在酒樓上》中的呂緯甫，年輕時懷著一腔熱血尋求救國救民之路，經常和一些志趣相投的朋友在一塊兒談論國家大事，抨擊時弊，探討改良社會的途徑，有時爭論得和朋友打起來。他曾上街演講，到處宣傳鼓動，並和同學一起到城隍廟去拔神像的鬍子。然而辛亥革命的失敗，以及他的家庭親人的變故，給他帶來了一連串的打擊，他的改良社會的勇氣也由此受到嚴重挫傷，他開始懷疑自己，懷疑自己的能力，他感到他過去的行為似乎一點也「沒意思」，社會阻力太大，他自己那一點力量於社會改良有何意義呢？他對自己失望了，開始變得頹唐，得過且過，開始去做一些他稱作無聊的事情。

梁啓超說：「嗚呼派者，以天下為無可為之事；暴棄派者，以我為無可為之人也。笑罵派者，常責人而不責己；暴棄派者，常望人而不望己也。」梁啓超對旁觀者進行分門別類並予以深刻剖析，意在對症下藥。他認為，那些嗚呼派旁觀者，以哀嘆世事難易一切皆屬天意為特點，笑罵派旁觀者百無聊賴，一味指手劃腳，讓人左也不是，右也不是，以讓人都作旁觀者為結果，而暴棄派旁觀者認為別人頂天立地尚可，而自己卻才力不濟，恰恰對自己失卻信念。

魯迅筆下的呂緯甫之所以消沉下去，就是對自己失去了信心，他只能把改良社會的希望寄託到他人身上。持這種態度的旁觀者多為老年人。

許多年紀大的人在感嘆世事的變化日新月異的同時，感嘆自己暮年已無大志可言，只想飽食終日，以待天命大限。認為改變現狀促進社會變化是年輕人的事，自己已沒有力量爲社會、爲他人盡職盡責了。他們忘卻了他們在工作中已獲取了許多寶貴的經驗，不明白自己在社會實踐中成了新角色，有了新任務，他們應把自己的經驗智慧傳授給年輕的一代。一切交給年輕人，須知有許多事情並非年輕人可爲。

更有甚者，有人高唱「人到三十萬事休」，認爲三十歲以前做不出什麼，三十歲以後什麼也做不成了，他們困守在家庭小圈子裡，對社會上的事情充耳不聞，忘卻了自己應盡的社會責任。

梁啓超說，一個人有一個人的職責，各人首先應盡到自己的職責，不能希望由別人替代，「他人雖有絕大智慧、絕大能力，只能盡其本身分內之責任，豈能有分毫之代我？譬之欲不食而使善飯者爲我代食，欲不寢而使善睡者爲我代寢。」自暴自棄，實際上不僅自動放棄自己應盡之職而旁觀世事變遷，而且還會影響別人，這樣，其危害就顯而易見了。作爲一國之民，當盡自己職責，偉人盡偉人的責任，平凡人盡平凡之人的職責，豈能將希望全部寄託在偉人身上？

千里之行始於足下。不想付出艱苦的勞動卻想成功，是這些自暴自棄者的共同心態。自暴自棄者往往是那些急於求成者，而急於求成者又多屬失敗者。

意志是成功者必備的素質，只有一步一個腳印地堅韌不拔地走下去，才能產生自信的力量，自暴自棄無疑自己先被自己打敗。

時不待我

明清之際，陝西有一般實之家，家中有一子叫成名，聰慧異常，飽讀詩書，人稱奇才。朋友親戚勸其參加科舉，將所學報效國家，然而他卻充耳不聞，別人說多了，他便說：我何曾不想外出建功立業，我是在家裡耐心等待伯樂哩！後來戰亂四起，明朝搖搖欲墜，人們勸他趁天時出去，以酬男兒之志，他卻認爲天下大亂，沒有讀書人用武之地。淸朝建立，廣泛搜羅讀書人，人們又勸成名應召上京，他卻說：沒人發現他，自己上京豈不掉價？就這樣，這位飽讀詩書之才在家整整待了一輩子，也未曾將其所學報效國家社會。

待時並非乾等，並非無動於衷。待時指等待適合自己發展、適合自己性情及愛好的機遇，在等待的過程中，人需要不斷積累才智和報效社會的能力；待時也並不是消極地生活，機會有不期而來的，也有自己積極爭取來的，所以待時的過程既是修煉自己提高自己的過程，也是尋找機遇創造機遇的過程。如果總是以旁觀者心態去一味等待，就會逐漸有懷才不遇之感，變得意志消沉起來，最終變成一個冷漠的旁觀者。

梁啓超說，持旁觀者心態的待時派，並不承認自己是旁觀者，他們對世事置之不理不予關心，是因爲所謂的「時機不成熟」，他們整天哀嘆天時不濟時運不佳，有些人終生碌碌無爲，不檢查自己懶於行動，卻總是怨天尤人哀嘆生不逢時。

待時者往往是極端的挑剔者，他不僅對世事百般挑剔，而且對時機也多方挑剔；同時待時者往往愛追求一種不可能的「完善」，他永遠不知道調整自己，而只知道以某種模式化的東西和現實相套，稍有不合意之處，便感覺自己又生不逢時。甚至偶遇障礙或挫折，便嘆自己世運不濟等等。「尋常之旁觀則旁觀人事，彼輩之旁觀則旁觀天時也。」

實際上，沒有哪一種「天時」專爲某人而造。人們常說，機遇總是青睞那些有所準備的人。梁啓超也說，英雄有兩種，有造勢之英雄，有順勢之英雄，作爲一般的人，同樣有造勢之人，有順勢之人。機遇也是相對而言的，對某些人是機遇，而對另一些人則未必是機遇。現在報紙上天天刊載招聘啓事，但有的人就可以抓住機會，以求理想之工作，而另一些人因毫無特長，而只能嘆息。所以只有那些注重個人人格修養，提高個體素質的人，才能談機遇，才能談「以待天時」。

立刻行動，這句話和時機機遇聯繫起來理解，即只要行動便有機遇，便可成功。坐井觀天，守株待兔只可能一事無成。

所以梁啓超對那些「待時派」旁觀者說，「辦事者，無時而非可辦之時；不辦事者，無時而非不可辦之時。故有志之士，惟造時勢而已，未聞有待時勢者也。」

待時而不行動，旁觀而待天時，實乃想以不勞而獲大利，恰似梁啓超給這些人描畫的那樣，「欲覘風潮之所向，而從旁拾其餘利，向於東則隨之而東，向於西則隨之而西，是鄉愿之本色，而旁觀派之最巧者也。」

文武兼備方為全才

世人之恆言曰：野蠻人尚力，文明人尚智。嗚呼！此知二五而不知一十之言，迂徧而不切於事勢者也。

尚武者國民之元氣，國家所恃以成立，而文明所賴以維持者也。

——梁啟超《論尚武》

「野蠻人尚力，文明人尚智」，大多數中國人對這句話是認可的，也因爲這樣的一句話，人們對「武」和「智」的認識十分偏狹，對「力」的評價多屬貶義。比如對體育運動員，一句非常平常的評價便是：四肢發達，頭腦簡單；而對那些文弱書生卻給予高度的讚譽，所謂「秀才不出門，能知天下事」。

梁啓超認爲，是人就該崇尚武力。他把尚武和冒險進取精神相提並論，並認爲尚武如同冒險進取精神，是新型國民性格的重要內容。梁啓超說：中華民族「開化最先」，「然二千年來，出而與他族相遇，無不挫折敗北，受其窘屈，此實中國歷史之一大污點，而我國民百世彌天之大辱也。」造成這種局面的原因，即在於「野蠻人尚力，文明人尚智」的價值標準。

尚力是讓人體格健全，尚武可以錘煉人的意志。運動可以增強人的自信力。所以，尚武並非讓人野蠻，而在於磨練自己，造就自己，建立自己新型的人格品位。

國民尚力，國家方能尚武，尚武的國家才是強大的國家。

人既然從動物進化而來，就無法徹底脫離動物界，而野蠻乃人的動物性之一種，實爲人性之弱點，在對待人性弱點上，武力是解決問題之一種。於是，梁啓超說：「我不速拔文弱之惡根，一雪不武之積恥，二十世紀競爭之場，寧復有支那人種立足之地哉！」

生命在於運動

當今世界有三大熱點：旅遊熱、收集熱和健身熱。收集熱包括集郵、集報、收集錢幣、收集模型車、收集家具等等，它體現了人們的某種品味追求和文化追求。而旅遊熱自然也有極高的文化意味，但同時它也是一種健身運動，所以，在一定意義上，旅遊可以和健身歸爲一類。

人們爲什麼對健身運動如此有興趣?道理很簡單，爲了生命！

作家賈平凹是個深居簡出之人，長期居家，不是讀書便是寫作，對體育運動似乎毫無興趣，朋友勸他出去走走，他只憨憨一笑，說：沒那份興致。由於積勞日久，加之從來不喜運動，他的健康受到了很大破壞，致使他在一篇散文中寫道：寫作爲了賺錢，賺錢爲了吃藥，吃藥又爲了保全性命以便繼續寫作。

所以，運動不僅可以強健體質，同時對腦力勞動者來說還是一種休息。生命在於運動。流水不腐，戶樞不蠹。運動即產生生命力，所以愛好運動即尚力，尚力即尚武，力總是在拼搏中產生。梁啓超說，尚武而有力，「國民之元氣」便可以得到維持。

凡想成就一番事業者，必十分珍惜自己身體，而珍惜保護身體的第一要務便是運動。康德一生過著書齋生活，但他每天堅持散步，每天下午三點，他總由僕人陪著在戶外走動，鄰居見到他，自覺不自覺地抬手看看手錶，甚至哪位鄰居的手錶停了，便等著康德出來散步，以對時間。有時下雨，僕人便舉著一把雨傘跟在康德後面，幾十年如一日。康德以此來恢復體力，以便以充沛的精力投入自己的哲學研究。

梁啓超談的「國民之元氣」的「元氣」，實際上就是中國醫學講的生命之本，通俗地理解，可以看作人的生命。

古希臘羅馬時代，斯巴達人十分注意對國民的軍事訓練。嬰兒出生後，即由醫生檢查其身體，不合格者，拋入山谷不要。到了七歲，即參加童子軍，對其進行嚴格的軍事訓練，所以斯巴達人一個個體格健壯，生命力旺盛。

古人崇尚武力，自然是因爲文明程度不高，他們必須有強壯的身體來應付自然界的威脅，來抵抗外族部落的侵擾。那麼人類發展到今天，征服自然的能力越來越強，是否就不必尙力尙武，不必加強運動了呢？實際情況恰恰相反，人類的生活條件改善，並不意味著身體就自然強壯。如今各種傳染病迅速蔓延，就是因爲人們身體的抵抗力太低的緣故。

爲什麼有的人容易傳染上病而有的人不易傳染上病呢？那是由於體質不同的原因，強壯的身體自然對各種病菌抵抗力強，孱弱的身體對病菌的抵抗就十分有限，而體質的強弱又直接導因於尙武尙力與否，導因於運動於否，所以，在現代各種流行病十分猖獗的時候，生命在於運動就顯得十分有意義，而梁啓超所說的，尙武尙力可維持「國民之元氣」也給人以強烈的警示。

文弱並不美

中國魏晉時候，文人中多以文弱爲美，以病爲美，整天守著中藥罐，聞著一股草藥味，認爲那是一種風度。這樣做的結果，是對生命的蔑視。「竹林七賢」即視生命如糞土，他們圍在一處狂飲烈酒，又煮藥吃藥，以糟蹋身體爲樂事，可謂病態的社會造成了審美觀的病態。

而《紅樓夢》中的女主人翁林黛玉弱不禁風，整天與藥爲伴，三步一搖四步一喘，也被寶玉稱爲「神仙似的妹妹」。

古代對女性美的看法其實多屬病態，比如纏足小腳，比如楊柳細腰，走路一搖三晃，而這種病態審美觀移至男性，仍是病態。

在《西廂記》中，張生這般奶油小生卻被作家大加稱頌。在元明折子戲中，被作者首肯的多屬文弱書生，似乎好人必是書生，書生必該文弱一樣。

梁啓超縱觀古今，認爲中國尙文不尙武的心態由來已久，長期以來，「太平歌舞，四海晏然，則習以禮樂揖讓，而相尙以文雅，好爲文詞詩賦訓詁考據，以奇耗其材力」，「重文輕武之習既成，於是武事廢墮，民氣柔靡。二千年之腐氣敗習，深入於國民之腦，遂使群國之人，奄奄如病夫，冉冉如弱女，溫溫如菩薩，戢戢如馴羊。」有這樣審美崇尙，有如此審美情趣的國民，必定「以文弱聞於天下，柔懦之病，深入膏肓。」

所以，要造就新的國民意識，倡導國民的尚武尚力精神，必須從改變國人的審美觀念開始。梁啓超認爲，斯巴達人有重武尚力之「美性」，是因爲他們有崇尚力量的習俗，他認爲「風氣之所薰，見聞之所染，日積月累，久之遂形爲第二之天性」，那麼中國人以文弱爲美的習性，當與中國人重文賤武的習俗有關。因此梁啓超認爲，要改變中國國民的病態審美觀，須從改變中國人之習俗開始。

中國乃禮儀之邦，講究皇恩浩蕩，對外政策多以施恩爲原則，鄭和下西洋，也帶著皇帝的重託，安撫別國他族，贈送貴重禮物，以示我富有大方。談到尚武，談到尚力，則必被認爲是霸氣，是蠻橫，殊不知尚武尚力是一種進取精神，是一種敢爲天下先的勇氣。

《淮南子·人間訓》中有這樣一則故事：一個叫牛缺的讀書人，有天他趕著馬車從山林中經過，遇到了一群強盜，強盜把他的車馬及銀錢統統搶走，連衣服也被剝得乾乾淨淨。強盜走了幾步回過頭來看時，見牛缺端坐路邊，臉上毫無懼色，反有一種輕鬆得意的樣子。強盜們覺得奇怪，問他：「我們搶了你的財貨，刀子架在你脖子上，你爲何一點也不怕？」牛缺卻有板有眼文質彬彬地說：「車馬無非供人乘，衣服也不過是遮蔽身體的，你們拿去與我何干？聖人是不會因這身外之物來損害自己的道德身心的。」強盜聽了哈哈大笑，說：「像你這種聖人見了官府定要告發我們這些不聖之人，不如把你殺掉。」說完，強盜手起刀落，牛缺一命歸天。

一個文弱書生見了強盜應奮力反抗，可惜他堅定自己的價值標準，在強盜面前顯示「文人」的酸相，死也就成了必然。如果這位讀書人，尙文又尙武，且以武力戰勝武力，不僅可以保護自己，而且可以制服強盜，爲民除害。

所以，以文弱爲美的審美觀，實際在一個層面上顯示了國人的麻木與不負責任。體魄不能自保，何以濟天下？

尙武與商道

人們說商海猶如戰場，經商便如打仗，而戰士要想打勝仗，沒有根深蒂固的尙武精神，是沒有戰鬥力的。所以，商人須有武力，更須有尙武的精神。

梁啓超說，尙武不能停留在「購艦練兵、置廠製械」上，那只是尙武必須具備的形式和工具，梁啓超所說的「武」，是一種「精神」，他認爲無精神而只有形式就像讓羊披上虎皮一樣，讓它與猛獸相搏擊，恰恰給猛獸提供食物而已。

所以梁啓超說：「誠欲養尙武之精神，則不可不具備三力：一曰心力；一曰膽力；一曰體力」，如前所述，經商猶如行軍打仗，故經商做生意也必須具備這「三力」。

梁啓超所說的「心力」，實乃一種理想一種追求。經商首先要集中心力，不可一心二用，梁啓超在談到心力專注的重要性時，曾引述曾國藩關於用兵的議論，曾國藩說，官兵圍追盜賊，「條條皆是生路，惟向前一條是死路」，因爲官兵向前，和盜賊短兵相接，便有生死之虞，而「賊御官軍，條條皆是死路，惟向前一條是生路。官軍之不能敵賊者以此。」所以梁啓超說，心力專凝，本是弱者也會強大，心力散渙，本是勇敢之輩也會變得膽小怕事。

生意場的人常說，商海風雲變幻，一天之內可能由乞丐變成富翁，一夜之間，百萬富翁也可能變得一文不名，所以，經商必冒風險，而沒有尙武精神沒有拼搏的勇氣，無以經商。

梁啓超認爲培養尙武精神，須有相當之體力，是因爲「有健康強固之體魄，然後有堅忍不屈之精神。」那些商海弄潮兒，往往是那些身強力壯有著堅韌不拔精神的人。經商必得吃苦，吃苦便需要以強健的身體爲本錢。

商海既戰場，商人便必是戰士。

金罐銀罐與藥罐

曹聚仁是中國現代著名作家、學者，早年受到良好的教育，這良好的教育首先來自他的父親曹夢歧。曹夢歧從小就有遠大志向，很小的時候，還沒有牛高就爲牛割草。後來進了學堂，他勤奮好學，雖然後來在鄉試中落第，但他並未就此消沉，而是在家鄉捐資辦學，他不僅辦起了育才學堂，自己擔任教師，還創辦實業，養蠶繅絲，用新的辦法飼養家畜家禽，且創辦紡織廠，使鄉里大受益處。

然而，曹夢歧太不愛惜自己的身體。他一生辛辛苦苦，一天至多睡上四個小時，五十歲就衰老得像八十歲的老人。後來終因勞累過度，加上飲食失調，患了嚴重的胃潰瘍，最終臥床不起，死時年方五十四歲。如果他不早死，會爲地方的教育、經濟的發展作出更大的貢獻。

曹夢歧本可以爲鄉里的富強做更多的事情，爲鄉里各家掙得一個金罐或銀罐，終被一藥罐奪去了生命，可謂痛哉惜哉！

身染沉疴，足可讓家道中落。

魯迅的家衰落自然開始於他祖父的科場弊案，但如果他的父親勤勉且體格健全的話，仍不失爲一康樂家庭。然而，魯迅的父親既灰心無志，又身染重病數年，魯迅在很小的時候就開始爲給父親抓藥而奔走，錢用完了，開始賣房賣地，房子與地賣到不能再賣的地步時，又開始典當家裡能典當的東西。魯迅家即使有金山銀山也禁不起父親藥罐的折騰。終於，魯迅的父親還是在病魔的折磨中死去了，而魯迅也到南京上洋務學堂，臨走時母親東湊西湊，給了他八元錢作費用。

人們說金罐銀罐抵不如藥罐，而如今又有人說，年輕時憑身體掙錢，年老了憑錢買身體，然而，一旦患上什麼病，即便再有錢也無法回復人原來的健康，所以關鍵還是要增強體質。

梁啓超認爲，培養尙武精神，近可以強健身體，深處說可以強化人自身的進取心和自信力，於人的精神與肉體均有裨益。

人的身體太差往往會讓人對自己失去信心。人面對社會與自然而言，社會、自然是無限的、強大的，而人自身無論是生命還是力量都是有限的，這本身在人的意識中就有一種悲劇性，如果人的體質太弱，更讓人喪失戰勝環境的勇氣，那樣，悲劇色彩就濃了一層，面對身體他已顯得無可奈何，面對強大的社會無限的自然，他又能如何呢?金銀在他面前堆成山又該怎樣?

「以文弱爲美稱，以羸怯爲嬌貴，翩翩年少，弱不禁風，名曰丈夫，弱於少女」（梁啓超語），等沉疴染身，只待天年。這樣的民族只有防衛意識沒有進取進攻意識，且群體意志十分脆弱。

過去外國人稱中國爲東亞病夫，在梁啓超看來這「病夫」首先應指體質的，因爲病態的體質往往生成病態的心理及不健全的精神面貌。所以，梁啓超認爲，要建立新的社會，必有新的國民，而新的國民應有健全的體魄，應有尙武的精神，只有這樣，才會有膽有識，有旺盛的精力，才會立於不敗之地。

的人之間的區別。人們所說的病來如山倒，病去如抽絲，也正可以讓人發現出健康的人和病弱

富國必須強兵

《韓非子·說難》中記載鄭國剿滅胡國的經過，很能說明富國強兵對一個國家的重要意義。鄭國西北面有個叫胡國的小國家，那裡土地肥沃，人民的生活十分富足。鄭武公早就想舉兵占領胡國富饒的國土。然而胡國人個個勇猛善戰，加上胡國歷來看重邊防的建設，鄭國一直不敢輕舉妄動。

鄭武公爲了達到攻占胡國的目的，只好從長計議，而攻占的關鍵便是如何削弱對方穩固的邊防。鄭武公先派大臣帶著厚禮向胡國求親。胡國國君不知是計，便舉行盛大的歡迎儀式來接待鄭國的求親隊伍。當他知道鄭武公將自己的女兒許配給他時欣喜異常。婚禮當天，兩國熱鬧非凡，一派祥和局面。鄭國公主帶去了許多美女，整天陪在胡國宮內，讓胡君沉溺聲色之中，以削弱其進取心和意志。

胡國國君雖然漸漸消沉在享樂之中，但邊防卻仍十分堅固。鄭武公感到胡國

國君尚未對鄭國完全放心，於是又心生一計，召集全體大臣，對大臣說：「我想用兵奪地，你們說哪個國家可以討伐？」大臣們聽了均默不作聲。有位叫關其思的大臣深知鄭武公覬覦胡國的野心，便說：「可以先攻胡國。」鄭武公一聽，咆哮如雷，說：「胡國和鄭國是兄弟鄰邦，你如何鼓動我去攻伐我們的朋友？推出去斬首示衆，看誰還敢動這樣的念頭！」

消息傳到胡國，胡國國君十分感動，從此視鄭武公爲推心置腹的朋友，從此，邊防鬆弛，不再領兵操練，軍隊的戰鬥力一天天削弱下來，儘管國內仍是十分富足，國勢卻遠不如以前。鄭武公見時機成熟，便在一個夜黑風高的晚上，突然攻胡，胡國在沒有任何抵抗的情況下滅亡了。

胡國的滅亡，說明國富而兵不強，就必然無以自保。鄭國開始不敢攻胡，正是因爲其國富兵強，而後來又輕而易舉地攻取下來，是因爲胡國邊防鬆弛，軍隊的戰鬥力虛弱。

梁啓超在不同場合提倡尚武，在流亡日本時還多方奔走，組織軍隊想「武裝勤王」，意在強大國勢，鞏固國家的邊防，以期國家免受欺凌。正如他反覆講的那樣，尙武可以固「國民之元氣」，是「國家所恃以成立」的基礎。

鴉片戰爭以後，中國軍隊一直是軟弱無力，許多官兵也染上了鴉片煙癮，「我以病夫聞於世界」，「手足癱瘓，已盡失防護之機能」（梁啓超語），東西方列強，見我們毫無抵抗能力，便乘虛而入，欺凌中國，所以梁啓超認爲，如果不趕快拔除文弱的惡根，「一雪不武之積恥」，那麼在世界二十世紀的競爭中，我國必然再無立足之地。

這就像一個人，你有再聰明的大腦，你有再美好的願望和雄心，卻沒有一個好的身體，同樣一事無成。所以說，國防建設是國家之保證，健康的身體是人生活工作的本錢，沒有好的身體，人只能空懷壯志。

現在，全國開展了各種形式的健身運動，有政府主持的，有民間自發組織的，但參與健身的老人多於年輕人，病人多於健康人。這說明我們許多人參與健身是出於無奈，而不是自覺主動的。胡國所以滅亡，是因爲其軍士的戰鬥力渙散，當鄭國兵臨城下，胡國再來練兵還來得及嗎？軍隊好比一個國家的身體，平時不操練，機能必將退化。人等老了再去鍛鍊，也只能是迫不得已罷了。

觀今宜鑒古

無論研究何種學問，都要有目的。什麼是歷史的目的？簡單一句話，歷史的目的在將過去的真事實予以新意義或新價值，以供現代人活動之資鑒。研究歷史也同做電影一樣：吾人將許多死的事實組織好，予以意義及價值，使之活動，活動的結果，就是供給現代人應用。再把這個目的分段細細解釋，必定要先有真事實，才能說到意義，有意義才能說到價值，有意義及價值才可說到活動。

——梁啟超《中國歷史研究法補編》

古人說：觀今宜鑒古，無古不成今。不認識歷史，也就無法認識今天，更無法把握今天。

想對現今世界予以清醒的認識，必須具備相當的歷史知識，因爲歷史，有它自身的發展規律，有它自身發展的因果律。

任何一個政治家或者立志走仕途之路的人，對歷史均有濃厚的興趣，他們在廣泛涉獵的基礎上，總把自己關心的重點置放於歷史典籍的披閱上，並從中獲得啓示，尋找自己的行動指南。也正因此，歷史上往往有驚人的相似之處。

梁啓超是現代中國政壇上重要人物，他走著學術之路的同時，又走著一條坎坷的仕途之路，他對歷史的興趣尤大，同時對歷史研究方法的貢獻至今仍啓迪著後人學者。

在梁啓超眼裡，中外歷史是活的歷史，而非死的歷史，他用一套新的眼光、新的觀念去梳理歷史材料，並得出了與前人不同的結論。

爲什麼讀史

梁啓超說：學習歷史瞭解歷史的發展，不是爲了單純的獲取「知識」，不是爲了純粹掌握歷史知識才去披閱歷史，學歷史的根本目的，是爲了今天，爲了活人，是爲了給今天活著的人提供借鑒的依據。「歷史所以要常常去研究，歷史所以值得研究，就是因爲要不斷地予以新意義及新價值以供吾人活動的資鑒。」

有學生問梁啓超，學歷史除了資鑒今日吸取教訓外還有別的目的嗎?梁啓超認爲，歷史是死的，寫歷史的人、學歷史的人都是活人，不同的人寫歷史就會帶上不同人的觀念，不同的人來看歷史往往得出不同的結論。所以，學歷史還有一個很重要的目的，那就是賦予舊史以「新意義」。

秦始皇修長城被罵了幾千年，然而從歷史發展來看，修長城卻利於中原地區的安全，利於華夏民族的統一。曹操在歷史典籍中，歷來以奸臣的面目出現，時代發展到今天，從治國方面講，曹操不愧爲傑出的政治家，何況推翻一個腐敗王朝，原本並不算是什麼「竊國誤君」。

所以評價歷史事件，要從整個歷史的發展著眼，要從人性發展切入，只要從根本上是符合人性發展的，就應該肯定，否則，就應該否定。也正是在這個意義上，梁啓超認爲，中國歷史實際上是封建帝王史，是朝代變遷史，而不是人民史，梁啓超立志寫一部全新的中國通史，目的就是要改變中國史的這種局面。

不要迷信古人

梁啓超早年居家讀書，對古人的經典推崇備至，甚至在言談舉止中也模仿古代聖賢，更把五經四書所說的人生信條奉爲圭臬。後來見到康有爲，康有爲問他對四書五經的態度，他不知康有爲底細如何，極力推崇孔孟之道，並將其中的話視作自己的座右銘。誰知康有爲歷陳中國文化之陳腐，極力宣傳西方思想，這使梁啓超大吃一驚，康有爲對中國傳統文化的腐朽之處層層剝葱，有理有據地否定，讓梁啓超感到自己信奉的東西變得渺小起來。從此，梁啓超拜師康有爲，接受了康有爲的改良思想，大膽懷疑被人們信奉的古代聖賢。

讀史切忌迷信古人，在古人中尤忌迷信偉人。那些著史者，爲了某種需要，往往將這些偉人神秘化，連他們的飲食起居均帶上了神秘色彩，似乎一切均是命中注定了的。那不過是封建史學家爲了愚弄百姓的手段而已，而封建社會的史學思想又恰恰是爲了使帝王將相神聖化，後人讀史如果對古人頂禮膜拜，也就大大上了他們的當。

諸葛亮在《三國演義》中被寫成足智多謀忠君報國的偉丈夫，在他的治理下，蜀國上下一致，且都以恢復漢室爲己任，還受到全國人民的景仰，似乎人們都在尋找各種機會歸順蜀國一樣。相反的，曹操被描寫成陰險狡詐，不得人心的反臣叛賊，曹操所到之處，人民紛紛逃亡，成了寡助之人。然而，歷史的眞實情況是，曹操統治期間，北方的生產得到了極大的發展，而且在保存民族文化諸方面，曹操做出了巨大的貢獻。魏國的勢力不僅沒有萎縮，反而日益發展。如果說曹操是失德寡助之人，早就該被人民拋棄，早就該被劉備、諸葛亮這些得道多助之輩消滅了。

拿破崙東征時爲了勉勵將士勤奮工作不辭勞苦，宣佈自己身先士卒，和將士同吃同住，夜晚將士們都休息了，他的辦公室卻亮著燈，很晚才熄滅，白天他又精神抖擻地站在將士們面前。因此將士們中便有拿破崙精力過人的傳說，大家一個個感到自愧弗如。有好事者給拿破崙算休息時間，最後宣佈說，拿破崙一天最多睡四個小時，而且長年累月如此。後來因軍事情報緊急，有將軍直接撞進拿破崙辦公室，才發現拿破崙並未辦公，而是在隔壁房間呼呼大睡，而他辦公室裡燈亮如白晝。

所以，梁啓超說讀史就要從「帝王教科書」中解放出來，從聖人偉人那裡解放出來。他認爲，讀史如果把自己讀成了偉人的奴隸，讀成了聖人的奴隸，便說明讀史讀到了歧途。

讀史，尤其是讀人物傳記，我們要從傳主那裡吸取做人的力量，看他們是如何把握他們所處的時代，如何把握時代的機遇的。我們首先承認這些偉人的超人之處，但我們不能認爲他們是不食人間煙火的神人，他們也有一般人具有的人性的弱點，有一般人所具有的喜怒哀樂。他們之所以成爲偉人，是因爲他們善於發揮自己的優勢，找到了適合他們走的人生之路，同時又善於利用可以利用的所有的外在條件。所以對於古人，對於那些有成就的古人，應抱這樣的態度，那就是：他們爲什麼能夠成功？他們成功的內因和外因是什麼？時代給他們提供了什麼？他們如何變消極因素爲主動因素的？……等等。

要把歷史讀成人性發展史，讀成國民史，讀成成功者的成長史，只有這樣，我們方才不會跪在偉人腳下討生活。

什麼是「歷史眞實」？

魯迅曾和人談起治史的問題，他說，治史，正史當然要讀，而且要認眞去讀，像《史記》、《二十四史》等等，都應下苦功夫去研究，但魯迅要強調的卻不是讀「正史」，而是讀「野史」。他認爲，在封建社會，因爲需要，不利於帝王的史料是很難入史的，這些材料散見於民間，記載於各種野史稗文，而正是這些野史稗文，卻更能說明當時的歷史風貌。

近日讀到「文革」時出版的一個小冊子，是專門爲揭批胡風集團而寫的，書中用極帶感情的筆調寫了胡風的家世、胡風的求學、胡風的文學思想，似乎胡風一生下來，就是一個惡棍。後來又讀到「文革」結束後有關胡風生平的文章，和

「文革」時的文章大相徑庭，我們現在來認識，尙無什麼疑問，因爲我們離「文革」很近，我們知道那段日子給中國帶來的災難。那麼幾百年過後呢？幾百年過後人們再來看有關胡風的材料，如何判定是非呢？

顯然，「文革」時混淆是非的作法，給歷史帶來的混亂，帶來的惡劣影響，我們這一代人是無法體會到的。

什麼是眞實？什麼是歷史眞實？

眞實牽涉到人們的價值觀問題，牽涉到人們的是非觀問題，不同的人有不同的是非觀，處在不同立場上的人有不同的眞實觀，而「歷史眞實」牽涉的問題就更多，它又牽涉到一個人的歷史觀的問題。

梁啓超說：「研究歷史也同做電影一樣：吾人將許多死的事實組織好，予以意義及價值，使之活動，活動的結果，就是供給現代人應用。」他又說，「歷史的目的在將過去的眞事實予以新意義或新價值，以供現代人活動之資鑒。」

所以，歷史的眞實即歷史對今人的意義，它存在於歷史的材料之中，也存在今人的價值觀裡。所以「眞實的歷史」是指符合歷史發展規律的歷史，那些斷章取義，對歷史事件妄作解釋的歷史是僞歷史。

王昭君出塞和親，不論她初衷如何，但是從客觀上、從歷史的整個發展進程上來講，她爲民族的大融合、爲民族間的文化交流做出了貢獻，從這個基礎上看，郭沫若筆下的昭君形象就眞實可信。

秦始皇統一六國，殺人無數，廢除了各國文字和貨幣，制定全國通用的文字及度量衡，他對歷史的貢獻功不可沒，因爲他採取的這一系列措施有利於文化的交流，有利於中華文明發展的進程，所以稱秦始皇爲偉人是符合歷史眞實的。

梁啓超所說的賦予歷史「以新意義」，有幾層涵義：「或者從前的活動，本來很有意義，後人沒有覺察出來，須得把它從新復活」；「或者從前的活動，被後人看錯了，須得把它從新改正」；「或者本來的活動完全沒有意義，經過多少年以後，忽然看出意義來了」。凡此種種被賦予的意義，都是符合歷史實際的，都是眞實的。

衡量歷史的意義價值，判斷歷史學家筆下的歷史是否眞實，應看它是否具有最深刻的人性，是否具有最廣大的人民性，是否符合歷史發展的根本方向。

站到巨人的肩上

梁啓超一直重視人物專史。他尤其喜愛讀人物專史，在治史過程中，又十分強調給人物立傳。他曾把歷史上有影響的人物一一列舉出來，打算分別給他們寫傳，後來雖未實現，但他仍十分重視這一工作。他的《譚嗣同傳》、《康南海先生傳》、《李鴻章》等都是傳誦一時的傳記名篇。

治史首先應重視歷史的人，因爲歷史歸根結柢，是人的歷史，我們說，不迷信古人，不必做偉人的奴隸，但絕不是說可以不重視古人，不重視偉人。

有人問梁啓超，康有爲該如何評價？梁啓超說：沒有康有爲，就沒有我梁啓超。

學習歷史爲的是更好地把握今天，我們讀人物傳記不是爲了去迷信他，不是爲了單純的去崇拜他，而是爲了豐富自己，用梁啓超的話說，是爲了「培養自己的人格」。

所以，學習歷史必須「站到巨人的肩上」，否則我們的學習不僅毫無積極的意義，而且那些歷史還會成爲我們的「包袱」。

站到巨人的肩上，首先要善於從巨人身上吸取精神營養，並從而達到自我完善。

李鴻章是中國近代史上有名的竊國大盜，然而梁啓超對李鴻章的評價超越了時代，把李鴻章視作一個有血有肉的人來看待，他看出了李鴻章嚴謹的治學精神，看出了李鴻章的實踐精神，看出了李鴻章凡事認眞謹愼，談到李鴻章的待人處世，他認爲李鴻章恃才傲世頗有士人風度。其實，梁啓超並非不知道李鴻章給人民造成的災難，但梁啓超也能從實際出發，談到朝廷對李鴻章的左右，他作爲朝中一臣，他已做到了他能做的一切。同時，梁啓超能不拘於李鴻章的集團利益，把他抽象出來，看到他作爲「單個人」的優點，而這些優點對後人不無啓示，我們不能不說，梁啓超評價李鴻章時，已站到了李鴻章的肩上。

讀史一味地去迷信古人、迷信偉人，卻缺乏對古人、偉人更深層次的分析認識，實際上離古人偉人很遠很遠。

認識了、理解了、懂得了才能眞正接近認識對象，對古人及對偉人作深入細緻的考察，包括他們的思想、愛好、脾性、性格的優點及性格的弱點，才能說，你開始走近古人走近歷史上的偉人了。

站到巨人的肩上，還要吸取他們的種種人生教訓，以便使自己少走彎路。

康有爲是梁啓超的精神導師，然而，康有爲到晚年後，變得一天天保守起來，梁啓超在考察康有爲的一生時，對他的保守思想並不諱言地予以批評。顯然，梁啓超吸取了康有爲的教訓，不再對皇帝抱有任何幻想了。

如何看待「正統」

在日常生活中，「正統」和「保守」是同義語。我們說：「那人很正統」，便是指其人的思想很保守，連言談舉止穿著打扮都保持著陳舊的樣子。到一個新環境，要和新同事相處，人們便會問：那個新來的同事正統不正統?

既然保守，就不易接受新思潮，既然正統，就不願有與正統觀念相違背的「異端邪說」存在，所以正統的人，心中有著濃厚的權威意識，在一定程度上，甚至可以說，正統就意味著權威。

梁啓超說：中國歷史上的史學家，沒有一個站出來對「正統」發難的。「言正統者，以爲天下不可一日無君也，於是乎有正統；又以爲天無二日，民無二王也，於是乎有正統」。這樣看來，正統本來就和權威是緊密相聯的。中國是個講究正統的國家，凡事總想找點權威性依據，否則就認爲是名不正言不順。殊不知，正統觀念一旦植入我們的意識深層，我們便會變得被動起來。

梁啓超在考察正統思想在中國的蔓延形勢後，認爲正統思想之所以在中國十分盛行，原因大抵有二，首先是統治者妄自尊大，爲了維護其政權統治而設下種種律條，強迫人民遵守，否則便被視爲反叛，這樣，所謂正統，是徹頭徹尾的愚民政策，是穩定統治政權的重要手段。其次，正統思想所以產生，也和迂闊的儒生對古人經典的誤解有關。這些迂儒從思想、文化上爲正統尋找依據，他們自己也把古人經典奉爲行爲準則而不敢越雷池一步。

許多正統的思想往往是阻礙社會發展的力量。目前我們正處於向市場經濟轉化的歷史時期，市場經濟的提出本身就是對傳統經濟模式的挑戰，就是向正統的經濟思想提出的挑戰。

不能迷信古人不能迷信偉人，當然也不能迷信正統。

不迷信正統，首先要有鮮明的個體意識。漢末軍閥混戰，諸葛亮對天下的局勢卻成竹在胸；曹操大軍南下，東吳危急，周瑜卻頭腦清醒，沉著應戰，並用自己的智慧擊敗了曹軍，奠定了三分天下的政治基礎。這都是因爲他們有強烈的個體意識，不人云亦云，不爲強勢力壓倒的緣故。

不迷信正統，還要有思考一切的思想素質。正統思想的形成有其社會心理原因，有其合理的因素，然而形勢的發展是日新月異的，而思想觀念一旦形成，便有一個慣性發展的過程，所以，我們必須聯繫新情況新問題，思考與新情況新問題緊密相聯的觀念的形成。對既有的正統思想作深入細緻的分析研究，合理的保留下來（但仍不迷信），不合理的堅決拋棄。

不迷信正統，應培養自己的逆向思維習慣，凡事兩面看，多側面分析，只有這樣，才能不至於迷失自己的主體意識。同時只有對正統思想敢於懷疑，也才會有所作爲。因爲任何一種新思維新觀念的形成，都是建立在對既有思維觀念否定破壞的基礎上。

德性

野蠻時代所謂道德者，其旨趣甚簡單而常不相容；文明時代所謂道德者，其性質甚繁雜而各呈其用。

——梁啟超《十種德性相反相成義》

德性即道德品質，指人內在的修養。常言說：此人德性好，即指此人修養好、品質好；此人德性差，即指此人修養不夠，內在品性拙劣。

改造社會當首先改良人，改良人當注重人內在的素質。梁啓超終其一生，呼籲新型國民的出現。魯迅也終其一生，致力於國民性改造。

有些人十分嚮往西方社會，然而，他們嚮往的只是西方社會的物質文明與物質享樂，對西方社會特有的秩序法制卻不予研究，對西方人那種敎養卻不予關注，這種人骨子裡仍是一種不勞而獲的思想內質。

品質的終極是獨立自主的人格，而人格包含著多方面的內容。

當代著名作家劉心武認爲中國「文革」時期，遭受最大破壞的是不成熟的現代文明，至於中國封建文化，絲毫不曾受到衝擊，粉碎「四人幫」以後，出版工作恢復正常，首先就出版了大批的中國古籍。文化既有如此大的慣性勢力，那麼被文化化的人，自身的內在修養要調整就更加艱辛了。

要造就一個新時代，必須要造就一代新人，要造就一代新人，必須建立新的文化結構，才能使人有獨立完整的人格。

不要依賴他人

梁啓超談到人的人格結構，談到人內在德性修養，首先談到人的獨立意識。他說，所謂獨立就是「不倚賴他人，而常昂然獨往來於世界者也。」他認爲《中庸》所講的「中立而不倚」，其實質就是指人的獨立意識。梁啓超把「獨立意識」提到人的素質上來理解，他說，獨立是人區別於動物的重要標誌，是人類擺脫野蠻步入文明的標誌。

清代李鴻章、張之洞興辦洋務，其旨即在尋求國民工業、軍事、商業的獨立，他們想建立自己的民族工業來抵制外國工業勢力對中國市場的滲透，想發展自己的軍事工業，以抗擊外國列強的侵略。他們雖失敗了，但刺激了民族工業的發展，同時，也從觀念上對國民是個衝擊。

當年清朝政府軍隊沒有先進武器，只好從日本進口大炮槍支，同時也進口彈藥，然而槍支和彈藥不配套，無法使用，又只好重新進口，以和前面進口的武器、彈藥配套。沒有自己的軍事工業，依賴進口，就必然受到其刁難。

所以，要自強必先獨立，要靠自己的努力爲自己爭得生存的條件與權利。依賴別人必遭被動。因此，獨立是自我解放的先決條件。擁有獨立意識，它可以促使自己主動塑造自己，促使自己不斷走向自我完善。

不依賴他人可以有效地培養自己的生存能力。梁啓超說，每個人都具有自強不息的獨立意識，凡事靠自己，斷絕依賴他人的念頭，如同打仗行軍，陷入敵軍的重重包圍之中，只有各自爲戰，拚死突圍，方能尋得一條生路。如果總想到援軍，想得到別人的幫助，必定從思想上削弱了戰鬥力，一旦陷入重圍，萬難尋出生路。

不依賴他人，可以培養自己的使命感和責任心。梁啓超和同仁們在一起，經常談論中國國民爲何有那麼重的君主思想，這除了封建社會的高壓統治和愚民政策外，有沒有國民素質方面的原因？梁啓超反覆研究歷史，認爲國民的君主意識和國民缺乏獨立意識有關。梁啓超認爲：人們一旦談到獨立，總要談到民族之獨立，而忽略了國民自主意識的獨立，他說，國民缺乏獨立意識，縱使民族獨立了，仍會遭受外敵的欺凌。中國國民總希望當官的爲自己「作主」，總把社會的改良以及懲治貪官污吏的希望寄託在某個「清官」身上，這和當年康有爲他們把改良社會的希望寄託在皇帝太后身上是一樣的。總以爲殺了某個貪官，社會風氣就會好起來，或者產生一、兩個爲民「作主」清正廉潔的官員就可以把社會引向進步。豈不知國民沒有自主獨立意識，總把社會進步的希望寄託在清官身上，實際上就放棄了自己的責任和使命。而國民沒有責任心和使命感，也就失去了上進心，就會變得愚弱懶散，國家仍不會興旺。

獨立，才能不倚。獨立，意味著堅強。獨立，人走向自我完善的起點。

得意與忘形

范進中舉狂喜至瘋，許多人認爲是因過於得意之故；不久前報載一則消息，說是某局長公款釣魚，所持魚竿近丈，瀟灑一揮，儼然一位指揮千軍萬馬的將軍，躊躇滿志，洋洋自得。不巧，魚竿揚得過於瀟脫，魚鈎竟攀上高壓電線，他正陶醉之中，卻噗通掉到水中不省人事。送到醫院，等他雙眼睜開，才感到大禍臨頭，後來人們評說起這位局長，說他咎由自取。

范進中舉發瘋，是因爲他在科舉途中爬得太累，一旦中舉，萬般辛酸湧上心頭，壓抑了幾十年的心突然釋重，情緒精神一下子適應不了，導致發瘋。那位用公款釣魚而遭電擊的局長享受的是那些拍馬者的迎奉，他謹小愼微，把自己的各種想法欲望克制到最小程度，一旦爬上局長的寶座，便耀武揚威，耍一點猖狂而已；這位局長和范進一樣，哪裡談得上「得意」？

「得意」是一種自由的、自我價值得以實現的精神狀態，而不是由壓抑中解脫出來然後藉助外界力量顯耀淺薄的無聊嘴臉。有的人可以訓斥人，有的人可以被人尊爲老爺，但他永遠不會得意。他們的大腦總被仕途、金錢充斥著，沒升官時想升官，沒發財時想發財。升了官、發了財便想到處顯耀，到處擺闊，殊不知，別人在他面前謹愼小心，不是從內心裡敬重他，而是懾於他那權勢、金錢。

梁啓超說，自由，乃精神之生命。能否達到精神之自由，表證著人能否享有「得意」之狀態。因此，「得意」是一種純個人化的體驗，別人是無法理喻的，它與金錢、地位、權勢永遠是無緣的。

「得意」的人是否會因得意而「忘形」呢？那些「忘形」者之所以忘形，是否因爲「得意」呢？

孔子曰：「學貴知止」，並斷言說，「知止而後有定，定而後能靜，靜而後能安」。其實豈止「學貴知止」，做人也貴在「知止」，「止」即目的，具有高潔的人生目標，進入一種自由的精神境界，當屬人生「知止」，而「得意」便是「知止」，便是達到了「止」之境界。人達到了自由的精神境界便摒除了那種浮躁和不安，會進入一種寧靜的精神狀態，這就是孔子說的「知止而後有定」，所以，得意如何會「忘形」？

何謂「忘形」？忘形同樣是種境界，同樣是種自由，只是它永遠是暫時的，它是人從擾人的世故人情中的暫時解脫的一種形式，是對虛禮俗套的「不考慮」。當你聽到一首優美的樂曲，忘掉自己的身分和應有的矜持而歡蹦歡跳時，當你路遇知己，一同喝得暈暈呼呼，以吐長久鬱積於心的不快時，你便開始了「忘形」，然而，你這種精神的自由僅僅是暫時的，你未必「得意」。

有的人太在乎自己的身分，太在乎自己在別人心目中的「印象」，強行把自己的某些天性壓抑著，強迫自己保持某種謹愼，哪一天，他覺得實在太累了，索性放鬆一下，放縱自己一次，扔掉那些裝出來的腔調，現出本色，同大夥一起縱聲大笑，放聲高歌，我們把這種行爲和這種精神狀態均視作「忘形」。

那些被視爲因「得意」而「忘形」的人，其實並不得意，他得到的也許是錢，也許是權，也許是虛名，恰恰不是「意」，「得意」是自我實現的狀態，得意令人沉靜，讓人心情平和。忘形的人尙未得意，故無法平靜，但能忘形愿忘形的人終有一天會得意。忘形讓人產生某種衝動，這種衝動的原動力是渴望有份寧靜心情。

所以忘形顯得有些衝動，得意卻會心如平鏡，得意的人已毋需忘形，得意的人已無形可忘，他已是本色的自己，已不再有做給世人看的「形」。

自愛與自重

中國人向來怕談「私」怕談「自我」，似乎談了「私」，談了「自我」，便是品質惡劣，德性不好。其實沒有「私」哪有「公」？不能「爲我」謀生，何能爲他人謀福？如果人人都宣稱爲他人而生爲他人而活，恰恰不能自保，談何利人？

梁啓超有篇文章專門談「利己」與「愛他」之間的關係，他認爲「天下之道德法律，未有不自利己而立者也」，他認爲「利己」是「愛他」的基礎與前提。實際上，「利己」涉及到一個人的自我意識，涉及到人的自我覺醒的問題。絲毫不考慮自己永遠是理想的境界。

談到愛人總要談到自愛，只有達到人格的自我完善方能眞正施受於人，才不至於把施於他人的「愛」理解成簡單的幫助和扶貧。

自愛即自我珍惜，自我愛護。自愛的人知道如何去建立自己的知識結構，知道如何完善自己的道德修養，知道如何確立自己的人生信仰，所以自愛是自我完善的前提。

愛己與愛他本是矛盾的統一體，梁啓超說，愛，歸根結柢是愛己，但「人類皆有兩種愛己心：一本來之愛己心，二變相之愛己心。變相之愛己心者，即愛他心是也。」他認爲，人永遠不可能和他人隔離開來，單個的人永遠生活於人群之中，如果某個人總想到個人，必達到人人自危，「故善能利己者，必先利其群，而後己之利亦從而進焉。」正如我們常說的那樣，先讓一部分人富起來，然後達到共同富裕，方爲眞正的富裕。

所以，自愛是有限度的，超越了這個度，自然勢必變成自戀，並最終使人因自戀而變得冷酷，失卻人生之意義。

什麼是自愛的「度」？那便是自重！

自重包含著人作爲普遍意義上的價值觀和是非觀，它蘊含了人生的所有的意義。人所以受到尊重，是因爲人乃萬物之靈，人爲自然立法，人是一切的尺度。人所以受到尊重，是因爲人是理性的動物，它有道德感，它有倫理觀，它有種種人生價值觀。尊重人就得尊重人所擁有的這些「價值」和「意義」，任何人均不得例外。而人要自重，就得首先把自己視作一個普遍意義上的人，並尊重人所應有的這些「價值」和「意義」，否則，踐踏這些「價值」和「意義」，也就是不尊重他自己，我們稱之爲不自重。

然而，這些「價值」和「意義」畢竟對人尤其是單個的人具有相當的約束作用，它在現實生活中起著「人生法則」的作用，而那些把「自愛」精神發揮到極致的人，爲了個人的私利，總想突破這些約束，踐踏這些「價值」和「意義」，突破這些生活中的「人生法則」，從而走向了「不自重」。

所以，自愛的人未必自重，而自重的人必定自愛。

自重的人首先把自己當人，既當人，就具有人應有的「價值」和「意義」，即人應有的是非觀、倫理道德觀等等，同時自重的人往往把自己和別人區別開來，對自己有更高的要求，讓自己承擔更多的責任和義務，使自己成爲一個於他人、於社會有用的人。他不僅尊重人類所遵守的普遍的「意義」和「價值」，而且有自己更加嚴格的更高的追求，而對自己追求的尊重實質上也就是自愛。

自愛而不自戀，自愛而不自賤，方爲眞正意義上的自愛，而眞正意義上自愛的人方會自重！

那些自愛而不自重者，人們稱之爲「沒德性」，當他以自我欣賞的姿態表現時，人們會隨口拋出一句：「瞧那德性！」

穩重與虛僞

李白初到長安，常和文人墨客一起吟詩撫琴，狂歌對酌，皇帝召見李白，不見人影，下令差人找回李白。遍找長安城各個角落，可是就是不見李白的影子，他們只好走出城門，最後在荒野地找到李白，他正和詩友們在一起喝酒吟詩，人已喝得爛醉。來人讓李白趕快回去見皇帝，他竟醉眼矇矓，問皇帝是誰，來人只好將李白拖起便走。李白破口大罵，等來到皇帝面前，李白醉倒在衆人腳下，呼呼大睡。皇帝見了，也禁不住哈哈大笑說：太白畢竟性情中人，看來他只能作詩，不可作官。

其實，李白非常想有個一官半職，只可惜皇帝感到他雖有一腔熱血，卻太不穩重，無穩即無威，如何能作官?

看來，「威」來自「穩」，也因爲有這樣的傳統認識，那些作了官的，或者想作官的，只好強壓自己的個性，泯滅自己的活潑開朗的天性，給人一種穩重的感覺。

世人看一個人成熟與否，往往是看他是否「穩重」，如果一個人愛動，尚有一股銳氣，敢說敢做，甚至動作迅速一點，便會被人認爲不成熟。即使這個人腦袋非常靈活，處理事情非常得體，也會被認爲「太嫩」。

什麼是成熟？在世人眼裡，成熟就是穩重，你什麼時候遇事少發言，最好是不發言，不關己事不操心，說話慢一點，行動緩一點，哪怕是裝的，就會被人認爲你成熟了，你已出「道」了。

這無疑是做假與虛僞！

謙虛謹愼本是人類的一大美德，卻被許多人用來消磨自己的個性視作向人表示成熟的標本。而這些人往往內藏很深，很難與人說眞心話，甚至在關鍵時候會做出落井下石的事。

有人天生矜持，這種人反而活得十分開朗，他本來話少，本來就行動遲緩，他的矜持不是做給別人看的，這種人的矜持與穩重，原本是他的一種性格，而性格無所謂好壞，而有些人的矜持穩重是專做給別人看的，他壓抑自己無非想得到點什麼，這種人一旦得到了自己想得到的，便會趾高氣揚，盛氣凌人，目空一切，甚至對他原先不滿的人進行打擊報復，給那些瞧不起他那種媚態的人穿穿小鞋，而且這種人一旦發了財升了官，便會貪婪異常，把他那種狹隘自私冷酷的本性暴露無遺。

所以，穩重一旦變成一種判斷標準，就給虛僞者留下了施展虛僞「才能」的用武之地。

爲什麼認爲那些少言寡語而十分虛僞的人可靠可信？因爲我們中的大多數人，總認爲這樣的人憨厚、淳樸，這樣的人歪心思少。這樣的人無能，甚至認爲這樣的人就是想做壞事也不知道怎樣做，於是我們給他以良好的評價，給他們以很高的地位。

知人論事，當考察人之德性，而不應只憑印象，以表面現象爲依據。我們的考察心理亦當正大光明，不應存留任何私心雜念。

狂必遭妒

自信可以讓人成功。梁啓超說：「自信力者，成就大業之原也。」孟子說，自己說自己不行，無疑自己作賤自己。

自信當是人之素質一種，它標示著人的心理走向成熟。然而，我們理智上理解的，感情上卻未必認可。我們常說人該自信，然而當我們見到那些自信的人時，又往往認爲別人狂妄，認爲別人驕傲。

自信，人人都明白必不可少，可是在現實生活中，自信的人往往是遭受打擊的人。

當然，自信應有基礎，得有相當的實力，否則就變成吹牛。自信應建立在對自己所從事事物的充分瞭解上，否則，就是盲目的自我膨脹。自信的人要想成功，尤其是生活在中國的那些自信的人，最好要不動聲色，要謹慎，因爲總有那麼一些人不習慣自信，看不慣自信的人，他們總在尋找機會，想方設法給那些自信的人設障礙、使絆子。

那些人不喜歡自信的人，除了暴露了他們意識深層的某些弱點外，還有思維習慣上的客觀原因，那就是，人們總把自信和不虛心混爲一體，認爲自信的人一定不謙虛，自信的人一定目空一切，瞧不起他人。實際情況並非如此，梁啓超說：「自信與虛心，相反而相成也」，他認爲，「人之能有自信力者，必其氣象闊大，其膽實雄遠，既注定一目的地，則必求貫達之而後已。」他們並不會因一時的成功沾沾自喜，也不會因取得點成績而傲視他人，相反的，他們會虛心求教不斷豐富自己的思想和智慧。「愈自重者愈不敢輕薄天下，愈堅忍者愈不敢易視天下。」

自信到眞狂的地步，實際上是自戀症的一種表現，是一種妄想症。這種人實際上已不再正常，當不屬這裡討論的範圍！

孤僻多寂寞

據說傅雷不僅剛直，而且很孤僻，因此不被許多人理解。其實，一個人孤僻與否屬於性格問題，無所謂好壞，然而孤僻的人卻少了許多人間的樂趣。

孤僻的人多不合群。孤僻的人總有許多讓平常人無法理解的習慣和思維方式，他們也不願意接受別人的習慣和行爲模式，處處顯得與衆不同。他們很少與人打交道，別人因難於接受其思維習慣和生活方式也不喜和他們有過多的往來，他們就一直生活於孤寂之中了。

孤僻的人因較少與人打交道，接觸的社會面就十分有限，這使他們少了許多與人交流的機會，而與人交流尤其是作心靈的交流，本身就是一種人生的享受。

據心理學家分析，孤僻的人多敏感，既敏感又不願遭到他人的冷落，於是這類人必感生活的壓抑，每天把神經繃得太緊，時間一長，先是神經衰弱，接著是形成某種心理障礙，嚴重的可能導致精神崩潰和神經失常。那樣，他的生活就愈發寂寞了。

孤僻性格的形成原因很多。孤僻的人多屬於沒「靠山」的人，他時時有種危機感。他沒有足夠的金錢作爲物質依賴，沒有足夠的背景作爲情感依賴，社會給他的機會十分有限，歡樂愉快是別人的，與他無關。加上人均有的多愁善感的心，所以孤僻的人往往是心存志遠而與機遇無緣的人。世界名著《簡愛》中塑造了一位才華出衆而又超凡脫俗的簡愛形象，她從小未曾得到人間的眞情，沒有人願意來瞭解她，沒有人愛她，她向來獨來獨往，一個人靜悄悄地做自己的事，她同樣孤僻，生活寂寞，而一旦她得到了愛，得到了眞情，她同樣會縱聲大笑，同樣活潑開朗。

所以，當一個人患了精神病，他個人要負多大的責任？社會應負多大的責任？

我們不必乞求別人的保護、愛憐，我們還是自己保護自己，自己愛惜自己吧！我們爲什麼要自怨自艾，去獨守寂寞呢？

梁啓超的人生哲學—改良人生　中國人生叢書 25

著　　者／鮑風
出　　版／揚智文化事業股份有限公司
發 行 人／葉忠賢
責任編輯／賴筱彌
地　　址／台北市新生南路三段 88 號 5 樓之 6
電　　話／(02)2366-0309　2366-0313
傳　　眞／(02)2366-0310
登 記 證／局版北市業字第 1117 號
印　　刷／偉勵彩色印刷股份有限公司
法律顧問／北辰著作權事務所　蕭雄淋律師
初版二刷／2001 年 5 月
定　　價／新臺幣：250 元

本書如有缺頁、破損、裝訂錯誤，請寄回更換
ISBN➔957-8446-27-6
E-mail➔tn605541@ms6.tisnet.net.tw
網址➔http：//www.ycrc.com.tw
版權所有　翻印必究

國家圖書館出版品預行編目資料

梁啓超的人生哲學：改良人生 / 鮑風著. --.
初版. --- 臺北市 ： 揚智文化，
1997 [民 86]
面 ； 公分. ---- （中國人生叢書：25. ）

ISBN 957-8446-27-6(平裝)

1. 梁啟超-學術思想-哲學 2. 人生哲學

191 86007747